やせる
Beauty

樫木式

不老！軸トレ

樫木裕実

動ける
Power

若返る
Ageless

Gakken

樫木裕実

60歳を迎えて
元気と美を
届けます!

「カーヴィーダンス」の大ブームを巻き起こした樫木裕実も還暦。
毎日さまざまな人のトレーニングを指導しています。
自身のボディの美と健康もさらに進化！

Hiromi Kashiki

積み上げてきた体は
決して
裏切らない

年齢を重ねても体のラインが
変わらないでいること、
年齢を逆進することはできます。
そのための体の使い方、
自分の体との向き合い方を知ることが
樫木式トレーニングです。

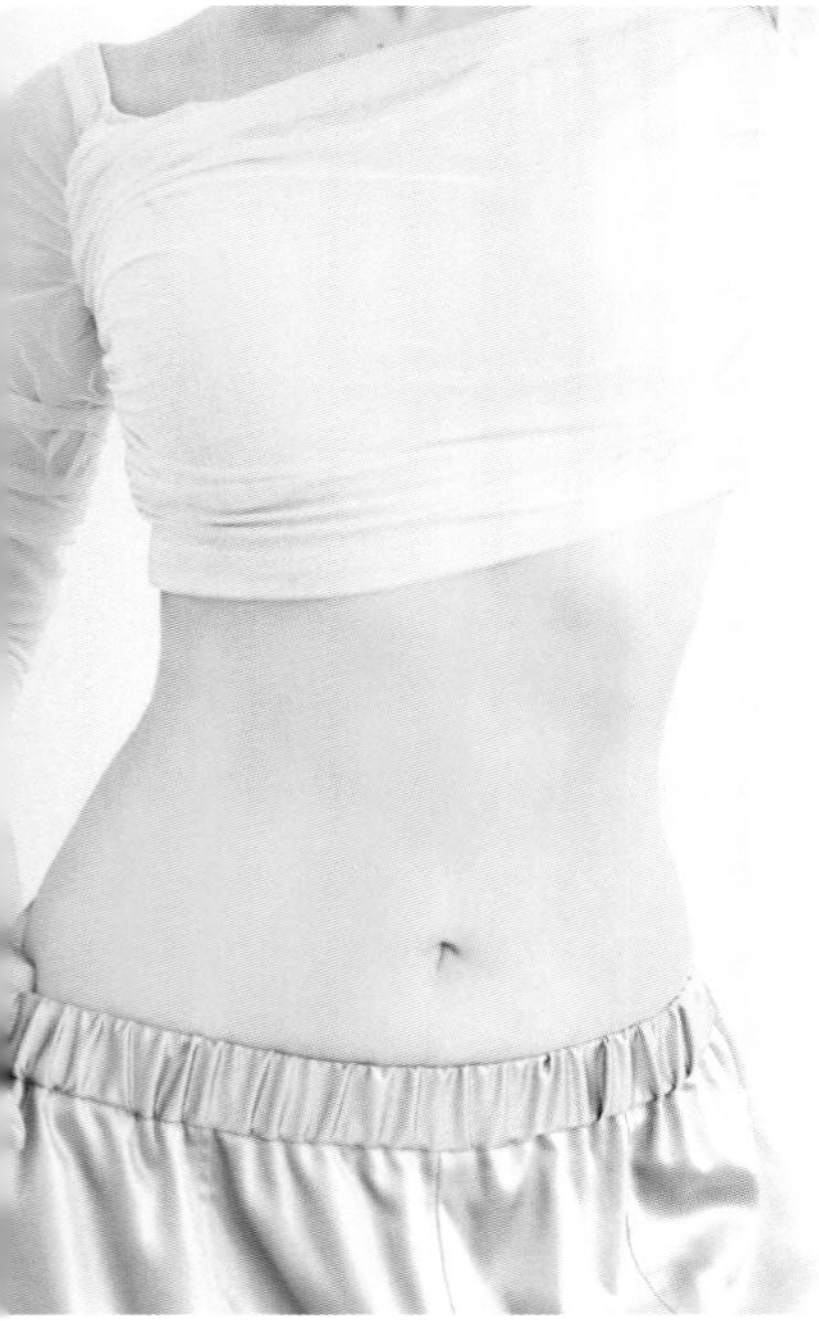

くびれ&ペタ腹

age is just a number.

美背中&美胸

let's make Comfortable and gorgeous body.

体がラクになる、イコール美ボディになるってこと

背中、丸まっていませんか？
生活のクセや痛みがあると
加齢とともに固まってしまいがち。
それを動いて自分でラクにできれば、
自然と美ボディになっていきます。

樫木式メソッドのココがすごい！

Celebrity interview

樫木さんの指導には〝愛〟がある。だから20年近く続いてるんです

女優 **浅田美代子**さん

Miyoko Asada

1956年生まれ。16歳で女優デビュー後、数々のドラマや映画に出演。バラエティ番組では、天然キャラぶりを発揮して人気に。2023年にデビュー50周年を迎え、2024年2月15日にアニバーサリーライブ「浅田美代子 50th Anniversary～清水ミッちゃん頼みの50周年～」を開催予定。

私が「さんまのスーパーからくりTV」に出ていた40代の頃、共演の関根勤さんと長嶋一茂さんに薦められて樫木さんのトレーニングを受け始めました。けっこう厳しい先生に、みんなでつけた愛称は「デビル」（笑）。もともとマシントレーニングが嫌いで、ジムに行ってもプールで少し泳ぐくらい。そんな私の性格を熟知する樫木さんは、腹筋運動ひとつとっても私に合ったやり方を本当に丁寧に考えてくれるので、彼女が職場を変えてもずっと追いかけていました。

本格的に体づくりに取り組んだのは、２０１７年に18年ぶりに舞台出演が決まり、体力をつけなきゃと思ったのがきっかけです。２０１９年に映画「エリカ38」に主演したときは、際どいシーンもあったので、背中からお尻にかけてのラインを美しく整えたいと伝えて、程よく締まったボディを一緒につくってもらいました。

年齢を重ねた今は、体を支える土台となる脚に適度な筋肉をつけることと、この先も自然と背すじが伸びた体を維持するのが目標です。私は服が好きなので、着たい服を着られる体型はキープしていたい。そのためには自分を甘やかさず、ある程度は体を動かしていこうと思っています。

私が長年通い続けていられるのは、彼女の指導には愛があるから。そして彼女のボディは「ホントに60歳!?」と思う美しさで、あのボディを見ただけで、彼女を信じてついていけばいいと思えます。今もたまに怖いデビルになることもあるけれど（笑）、本当にいい人と巡り合えたなぁと思っていますね。

楽しくて、実はハードでめちゃめちゃ効く。そんななんともいえない感じがたまらない

アーティスト　PUFFY 吉村由美さん

1975年生まれ。1996年、奥田民生プロデュースによるシングル「アジアの純真」でPUFFYとしてデビュー。1997年、ソロデビュー。海外での人気も高く、全米No.1アニメチャンネルで、PUFFYを主人公にしたアニメ番組「ハイ!ハイ!パフィー・アミユミ」が世界110か国以上で放送中。

学生時代以降、運動らしい運動をまったくしてこなかった私。なんとなく、このままではまずいかな～と知人に話していたら、「いい先生いるよ」と紹介してくれたのが樫木先生でした。

初めてトレーニングを受けたとき、ハードじゃないのに筋肉痛になったことに驚きました。妊娠中は、樫木さんのマタニティストレッチを受けると体がとにかく軽くてラクになり、妊娠後期の重たい体でも全然動ける！　とうれしくなるので、ほんとに出産ギリギリまでお世話になりました。

通い続けるうちに、体を動かす習慣も身に付きました。動かすと体がラクになるので、以前はよく行っていたマッサージにも、まったくといっていいほど行かなくなりました。

樫木さんのトレーニングの魅力は、楽しいことです。楽しいけど実はめちゃめちゃハードで、でもハードに見えなくて、なのにめちゃめちゃ効いている。そんななんともいえない感じがたまらないです。

ほんと私が暴飲暴食さえしなければ、今頃は水着着てるんじゃないかな？　と。あはは。好きなように飲んだり食べたりしてるけど、今のところ困ったこともなく生活できているのはトレーニングのおかげだと思います。

嗚呼、神様、朝起きたら樫木さんのウエストくらいキュってなってますように！　ま、そんな願いは誰も叶えてくれないので、いろんな意味でタフな体になれるよう地道に頑張りまーす。これからもよろしくお願いします。

体を健康に整えるのが樫木メソッド。続けることで真価がわかります

美術家　**福王寺朱美**さん

Akemi Fukuoji

日本宝石科学研究所に宝石鑑定士として10年間勤務。1997年にジュエリーブランド「AHKAH(アーカー)」を創業し、20年間にわたり代表取締役社長及びクリエイティブディレクターを兼任。現在は美術家として、長年にわたり身近に触れてきた宝石、水晶や鉱物を軸に立体作品や絵画を制作している。

6年前に健康診断で骨粗しょう症と診断され、運動が必要になってスタジオCに通い始めました。薦めてくれたのは娘の彩野です。先生の指導で腰の不調を治した彩野が、「樫木先生のボディはどの人よりも美しいから」と力説していたのを覚えています。

通い始めて半年、1年と経つうちに、徐々に姿勢がよくなり、バランスが取りやすくなって、ずん胴だったウエストにもくびれができてきました。レッスン後は体の中が正しい方向に改善されて内臓が持ち上がり、「中から整う」感覚が得られます。骨粗しょう症の数値も1年で正常値に近いところまで戻りました。

整う感覚を体が覚えてからは、海外出張の際も必ず「健康カーヴィー」のDVDを持参して体を動かすように。樫木メソッドの基本が詰まったこのDVDは、何百回と再生し尽くし、今使っているのは2代目です（笑）。

実は3年前、海外の大理石のお風呂で足を滑らせ、腰を強打したことがあります。激痛のあと、腰から下がしびれて動けなくなりましたが、樫木先生から国際電話と実演動画で座り方や動き方を教わり、その通りにしていたら、1週間で歩けるまでに回復。後遺症もなく、中から整えることの大切さと、整うことで体が壊れにくくなっていることを実感しました。

健康な体をつくるにはメンテナンスが大事で、自分の体を健康に保ちたいという意識を持つか否かがすべて。この先も、永遠の女神のような美しいボディの樫木先生に教わり、一生トレーニングを続けていきたいです。

体はバランスがとても大事。それを樫木先生から学んだ気がします

医師　**友利 新**さん

Arata Tomori

1978年生まれ。皮膚科・内科医。2024年現在、都内2か所のクリニックに勤務の傍ら、医師の立場から美容と健康を医療として追求し、美しく生きるための情報を発信。情報番組のコメンテーターとしても活躍中のほか、美と健康に関する著書も多数。

以前の私は下半身が重く、上半身と下半身のバランスが悪いことがコンプレックスでした。あらゆるメソッドを試してもいい結果が得られずにいた２０１４年、臨月を迎えた時期に樫木先生に巡り合い、産後１カ月から本格的にトレーニングを始めました。

私の体のバランスがよくない原因は、先生曰く「体の使い方が悪いから」。気になる脚も、「脚に力が入りすぎるから、余計な筋肉がつく」ということでした。最初はピンときませんでしたが、「ものをつかむ時は腕をこう動かして」「かがむってこうだよ」などと、体の正しい動かし方を一から教わるうちに、脚や背中の力みがなくなり、体がラクになっていきました。

慢性的にだるかった脚が軽くなったときは、脚というのはだるいものだと思っていたぶん驚きましたね（笑）。以前は決して選ばなかったパンツスタイルも、自分に似合うものなら自信を持って履けるようになりました。

医師という職業柄、私は感覚よりもエビデンスをもとに患者さんに伝える立場ですが、樫木式のように、感覚的だけれど体に合うものは確実にあるなと感じます。それは非科学的な何かを信用するという話ではなく、長年の間に積み上げてこられた先生の経験に基づく確信こそが、先生にとってのエビデンスなのだと思います。

そして体は、一か所を押したから不調がなくなるということはなく、全体的な体の使い方を見直さなければよくならない。やはりバランスがとても大事だということを、トレーニングを通して樫木先生から学んだように思います。今後もみなさんの健康のため、私の元気のために（笑）、お願いだから元気でいてください。

Misaki Emura

リハビリ指導でフォームを改善し 2022年フェンシングの世界女王に

フェンシング選手　**江村美咲**さん

2018年に全日本選手権個人で初優勝。2019年の同選手権でも優勝し2連覇を達成。2022年に世界選手権カイロ大会で日本女子初の金メダルを獲得。2023年2月、女子サーブル種目で世界ランキング1位に(2022-23年シーズンを終えた時点では2位)。7月に行われたフェンシング世界選手権2023で日本勢初となる世界選手権2連覇を達成。

フェンシングは、股関節を大きく広げ、同じ方向を向いて動き続けるスポーツで、体に大きな負担がかかります。私は腰の違和感が痛みに変わり、腰椎分離症がひどくなった２０１８年１月から、本格的に樫木先生のリハビリトレーニングを受け始めました。先生の指導で、丸めていた肩を広げ、フェンシングの構え自体を変えて、臨機応変に力を抜くことで、腰にかかる負担が明らかに減るのを感じました。

頭から引き上げられている感覚なのに肩の力は抜き、お腹は引き上げるという意識づけは、今までのリハビリで経験したことがなく、最初は難しかったです。けれどそのリハビリがあったから、故障前より体の使い方がよくなり、過去のリハビリより何倍もいい状態で復帰できたのだと思います。

また、通常、アスリートのトレーニングは重い重りを使うため、翌日も強い疲労感が残ります。一方、樫木先生は重りをほぼ使わずに可動域を広げ、体の使い方を改善してくれるので、先生のトレーニングの後は、トレーニング前より元気になります。私の中では〝疲れた時に体をリセットするトレーニング〟というイメージです。

続けるうちに安定性が増し、成績も「３年連続ベスト８」から、２０１８年12月の全日本選手権で初優勝。翌年の同選手権２連覇達成や、２０２２年世界選手権での日本女子初の金メダル獲得も、自分だけでは成し得なかっただろうと思います。いつも大会直前までケアしてくださる樫木先生は、私にとって本当にありがたく、欠かせない存在です。今後も、ケガをしにくい体づくりを土台に、疲れてきた時こそ体を引き上げていられる力をより強化したいなと思います。

Photos : EXDREAMSPORTS/ Augusto Bizzi

CONTENTS

PART3 体の引き上げ筋とインナーを強化する ペットボトル筋トレ

PART4 体をほぐして疲れを明日に残さない 樫木式セルフケア

本書のエクササイズは
動画でも見ることができます

動画アクセス用
二次元コード

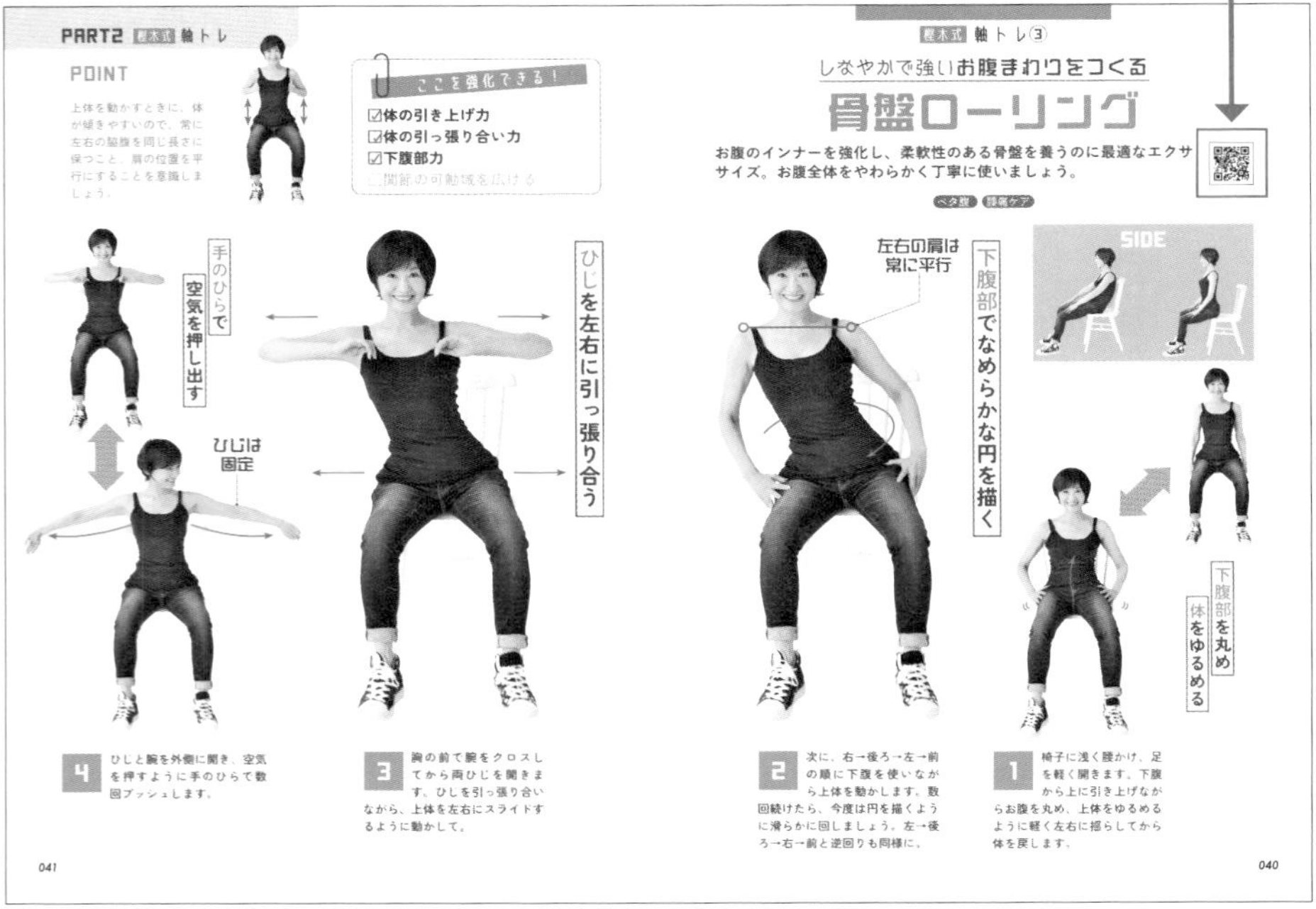
櫻木式 軸トレ③
しなやかで強いお腹まわりをつくる
骨盤ローリング
お腹のインナーを強化し、柔軟性のある骨盤を養うのに最適なエクササイズ。お腹全体をやわらかく丁寧に使いましょう。
ペタ腹　腰痛ケア
SIDE
左右の肩は常に平行
下腹部でなめらかな円を描く
下腹部を丸め体をゆるめる
1 椅子に浅く腰かけ、足を軽く開きます。下腹から上に引き上げながらお腹を丸め、上体をゆるめるように軽く左右に揺らしてから体を戻します。
2 次に、右→後ろ→左→前の順に下腹を使いながら上体を動かします。数回続けたら、今度は円を描くように滑らかに回しましょう。左→後ろ→右→前と逆回りも同様に。
040
PART2 櫻木式 軸トレ
POINT
上体を動かすときに、体が傾きやすいので、常に左右の脇腹を同じ長さに保つこと。肩の位置を平行にすることを意識しましょう。
ここを強化できる！
☑体の引き上げ力
☑体の引っ張り合い力
☑下腹部力
□関節の可動域を広げる
手のひらで空気を押し出す
ひじを左右に引っ張り合う
ひじは固定
3 胸の前で腕をクロスしてから両ひじを開きます。ひじを引っ張り合いながら、上体を左右にスライドするように動かして。
4 ひじと腕を外側に開き、空気を押すように手のひらで数回プッシュします。
041

本書で紹介しているエクササイズを、櫻木本人が動画でも実演。紙面と合わせてぜひチェックしてください。各ページに記載している二次元コード(下記でも可)もしくは下記URLから専用サイトにアクセスしてご覧ください。

http://gakken-ep.jp/extra/kashiki-jiku/

※動画サービスは出版社の都合により終了する場合がございます。あらかじめご了承ください。

PART1

“老い方”を知れば年齢は逆進できる！

老けない
体には
何が必要？

人の老い方にはパターンがあった！
加齢による変化と、
その逆をいくための体の使い方を知ることが、
いくつになっても元気で若々しい
美ボディづくりの近道になります。

体の「軸」をつくれば『下がらない』体になれる

若返りたくて
櫻木裕実先生のもとを訪れた
50代のカン子

櫻木先生のボディ、**60 歳だなんて**信じられません！ 相変わらず**くびれも健在**、背中もすっきり、ピンと伸びてるし、**バストも垂れてない！！** そのうえ毎日ほとんど休みなくレッスンしているのに疲れしらず。その若さと元気の秘密、教えてほしいです。

それはね、私が年齢を重ねていくと体に起きてくる変化の〝あるある〟の逆をいくようにと意識して、体づくりをしてきたからだと思います。私は長年トレーナーとしてたくさんの人の体を見てきました。それで職業柄、街でもいつも人の体をウォッチングしてしまうのだけど、**どんな体形の方でも老い方はみな一緒**だと気付いたんです。

「老い方はみな一緒」って、どういうことですか？

年齢を重ねるにつれて体形に現れる老いの形＝体形変化のパターンはほとんどみな同じ、ということです。骨盤が立たなくなり、それによって胸もお尻も下がり、背中は丸くなり脚の形状も変わる…。つまり下に下にすべてが下垂していくんです。そこで**老化を〝逆進〟するために私がしてきたことが「体の軸」を意識して体を動かすこと**です。

体の軸？　それ何ですか？　特別に根性ある人だけあるとか？

ほら、鏡に映った今座っている自分の姿勢を見てみて。

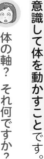

す、すごい丸まってて、猫背。首も前に出てる。

そう、みぞおちから丸まって骨盤が後傾して、重力に負けて重心が下へ下へとどんどん落ちてしまっています。**体を引き上げる筋力がなくなり、軸が感じられていないからです。**「軸」というのは、イメージで言うなら、足裏から頭まで、体の中心を通る1本のラインです。たとえば自分を樹だとイメージして、その幹の部分が「軸」です。膣から頭のてっぺんまで1本ぶれずに

垂れた背中が別人になった人も

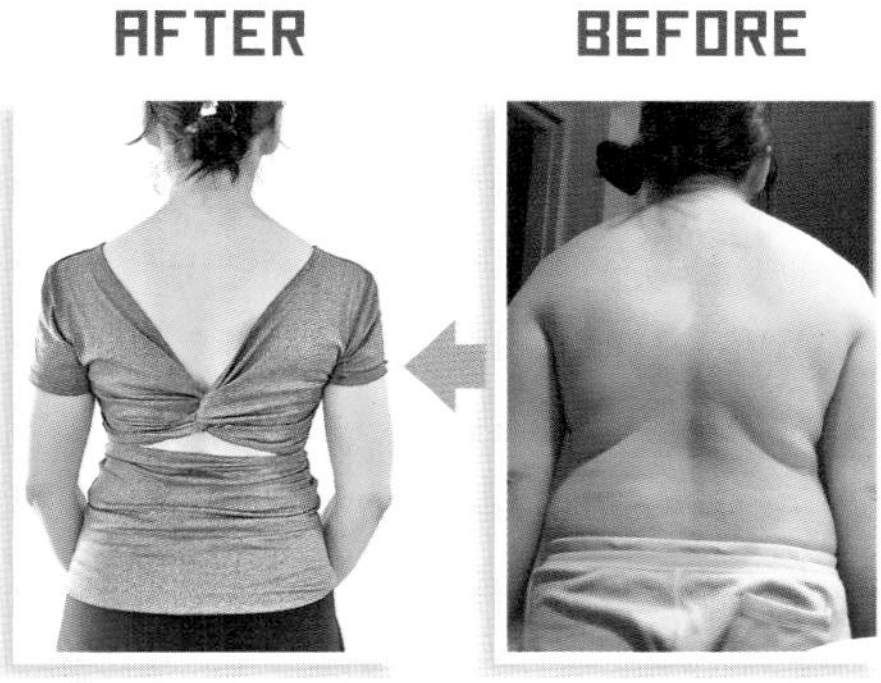

樫木式トレーニングメソッドで「軸」の意識を持てるようになり、体が劇的に変化した人も多い。写真はその一例。後ろ姿が別人に。

体の"軸"とは

頭のてっぺんから足まで体の中心をまっすぐに通る１本のラインのような感覚。それがないと体は左右にぶれたり重力に負けて下がってしまう。

通っていて、その軸が体を支え引き上げる力になるんです。手脚は枝。骨盤（お腹）、股関節、肩甲骨はそれを動かすための軸の重要部分です（イラスト参照）。

体の軸が感じられなくなると、どうなるんですか？

軸がなくなってしまうと猫背になったり、背中のお肉が下垂して〝二段背中〟になったり、ウエストに脂肪が乗っかって浮き輪肉になったりします。体型面だけじゃなくて、関節や腰などに余計な負担がかかってしまって、階段の上り下りがつらくなったり、つまずきやすくなったりして、痛みやケガにもつながるんです。

50代あるあるです。最近、Tシャツを脱ぐときに、二の腕が上がりにくくて、肩も痛いのはそのせいでしょうか…（汗）？

「軸」の意識がないまま体を使っていると、体の変化とともにあらゆる関節が固まってきて可動域が狭くなります。そうなると、動作を手足の先のほう「小手先」で力ずくで動かしてしまい、一部に過剰な負担がかかって肩の故障にもつながってしまうんです。でも大丈夫！　ここから意識を変えて**体の「軸」をつくっておけば、そんな不調や不便を回避できます。**背中のたるみがすっきりした人や肩や腰の痛みから解放された人など、多くの人が若返ってますから！　年齢を重ねてきたからこそ、手遅れになる前に、本書で提案する〝樫木式軸トレ〟をみなさんにぜひやってみてほしいです。

老い方が分かると、年齢を逆進できる！

引き上がってる体VS引き上がってない体

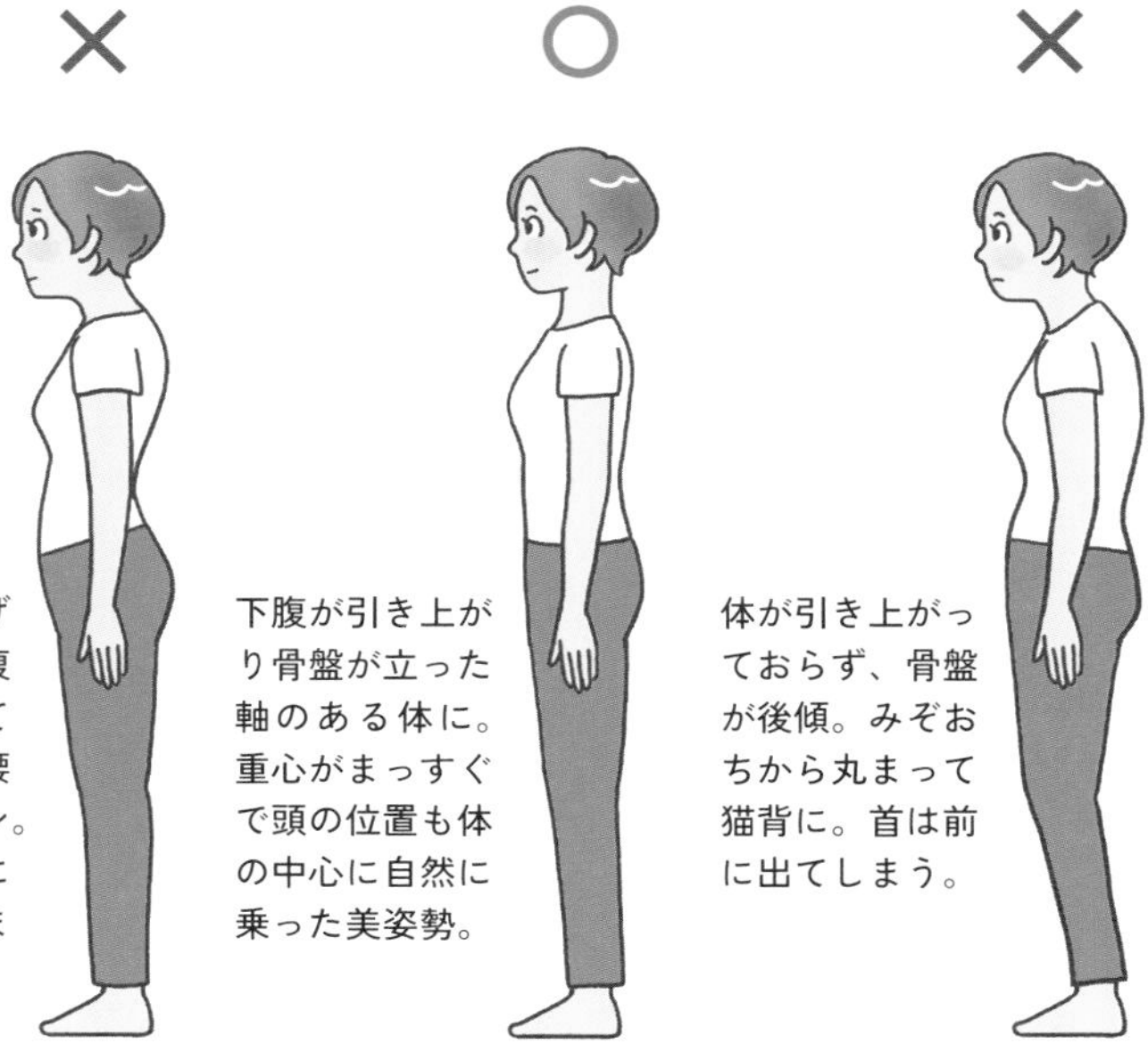

下腹の引き上げ力がなく、お腹がぽっこり出てしまい、反り腰になるパターン。前ももに無駄に力が入ってしまう。

下腹が引き上がり骨盤が立った軸のある体に。重心がまっすぐで頭の位置も体の中心に自然に乗った美姿勢。

体が引き上がっておらず、骨盤が後傾。みぞおちから丸まって猫背に。首は前に出てしまう。

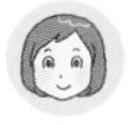

体を引き上げる筋力が衰えて、軸がなくなると、重力に負けてどんどん下垂しちゃうんですね。だから、私は背中が丸いんでしょうか。

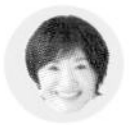

そうかもしれませんね。人の体は十人十色で、骨格ひとつとっても十人いれば十通りの個性がありますが、人は年齢を重ねると、お腹や背中など、体を引き上げる力が衰えます。衰えてきたときの最初の兆候として体に現れるのが**〝固まる猫背〟**です。肩が内側に入り、みぞおちが落ちた、前かがみのような姿勢です。体の軸の中心の骨盤は倒れ、関節の可動域も狭くなり筋肉も伸びにくくなります。動かさないでいると関節周辺の組織などが癒着して動きがどんどん制限されます。

そうなってくると骨盤をまっすぐに立てる力がなくなるので、**下腹がぽっこり**、常に骨盤を寝かせていないと疲れるようになり、**ひざや足首など関節に負担**がかかって、よく見るおばあさんのような**O脚**になったり、**ひざ痛**が起きたりするんです。ちょっとした段差

軸がなくなった老化サイン

体を引き上げられず、軸がなくなると体に起こるはじめの変化は猫背。同時にみぞおちが下がり、巻き肩に。そこからさまざまな不調や体型の崩れが起きてくるのが老化現象。

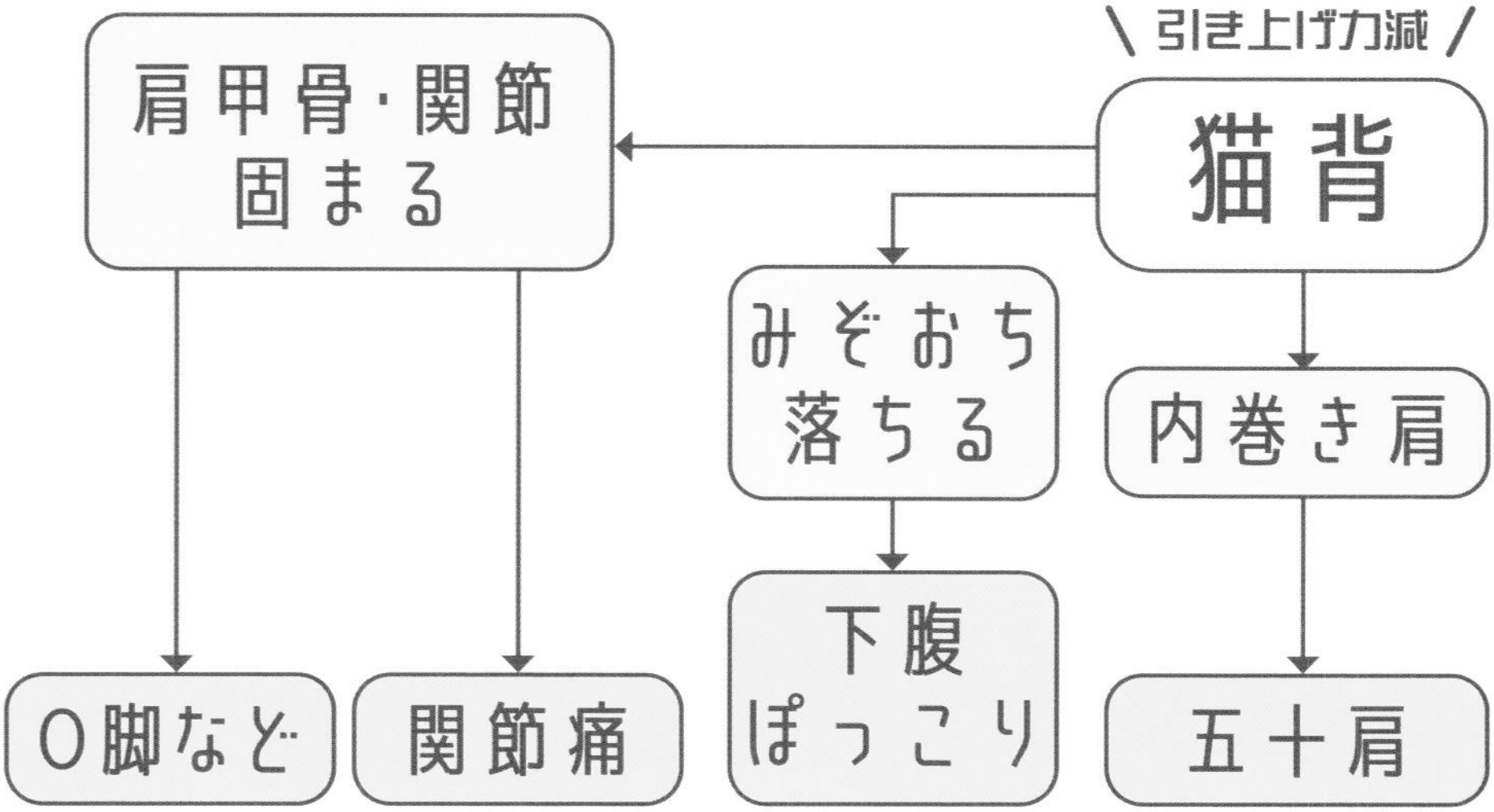

＼引き上げ力減／
猫背
肩甲骨・関節固まる
みぞおち落ちる
内巻き肩
O脚など
関節痛
下腹ぽっこり
五十肩

でつまずくのも、そうなっているサインです。**脇が固まって腕を回しづらく**なって肩の痛みが出ることも…。

ひえ〜悪循環ですね。

そう、先ほど話した体の老い方のパターンです。老化のターニングポイントである引き上げ力、骨盤を立てる力をつけて体の軸を取り戻せれば、年齢は逆進できると言ったのはそういうことなんです。**軸は本来、誰の体にもあり、いま見失っているとしても、つくろうと思えば取り戻せるもの**です。

よ〜し、猫背をやめなくては。

（カン子胸を張る）

スト〜ップ！　猫背を改善しようと上半身だけで胸を張るのでは、頭が後ろにいくだけで、お腹はもっと前に出ますよ。体全体を引き上げることを意識することが大事なんです。その引き上げ力をつければ、体の内側に1本通った軸ができて、姿勢も変わると思いますよ。

お腹から引き上げる力ってどうしたら付くんですか？　教えてください〜。

（次ページへ続く…）

日常動作を"お腹から発進"にして下腹の引き上げ力を養う

下腹を引き上げるって言われても、お腹のお肉は重力で下がっていくばっかりです（涙）。**自力で上げることができる**んでしょうか。**先生のペタンコのお腹、すごく憧れる**んですが〜！

「下腹部の引き上げ力を養う」といってもみなさんどのように鍛えるのかわからないですよね。腹筋をすればいいのか？ と思う人もいるかもしれませんが、**一番大事なのは骨盤を動かしていくこと**なんです。そうすると**下腹への意識を目覚めさせる**ことができて**下腹の引き上げ力が育っていきます。**

なかなか下腹を意識することってないです。

ほとんどの人は「下腹への意識」と突然言われても難しいと思います。まずはじめにウォームアップとして、骨盤を丸めたり、立たせたり柔らかく動かすエクササイズ、Ｐ32の「骨盤ロール&ウェーブ」をやってみてください。骨盤まわりの下腹を柔らかく丸めてから立たせて体をウェーブさせるようにします。

（カン子、やってみる）

カン子さんは猫背で首が前に出て、みぞおち（上腹部）から丸まって全く骨盤が動かせていません。骨盤を動かしているようで動いていないんです。こんなふうに最初は下腹部から丸められない人が多いです。**動かさずにいると骨盤まわりが固まって、骨盤を立たせることができなくなります。**骨盤が後傾して重心を上に引き上げられず下がってしまい、姿勢を維持する筋力も育たず衰えてしまいます。すると自分の体重がひざ、股関節など下半身にズッシリかかって痛みになったり、下腹部と表裏一体の腰も固まって腰痛にも。血流も滞り、体は老化する一方です。お腹ぽっ

骨盤（下腹）から丸めるとは

骨盤を動かせている

○

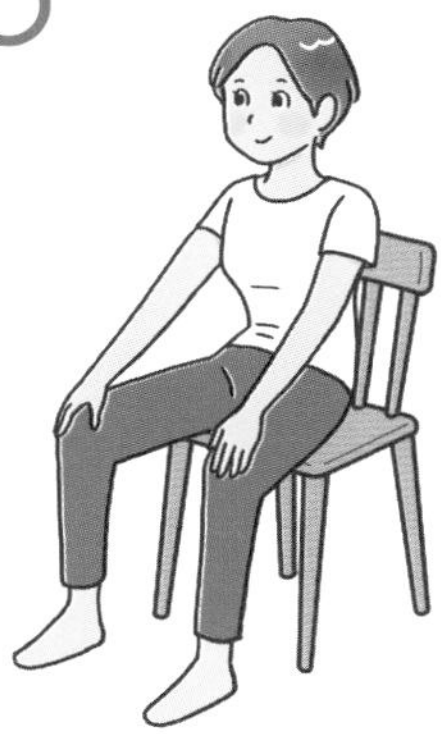

下腹から丸めて立たせる一連の動きができれば、下腹力が目覚める。

みぞおちから丸めている

×

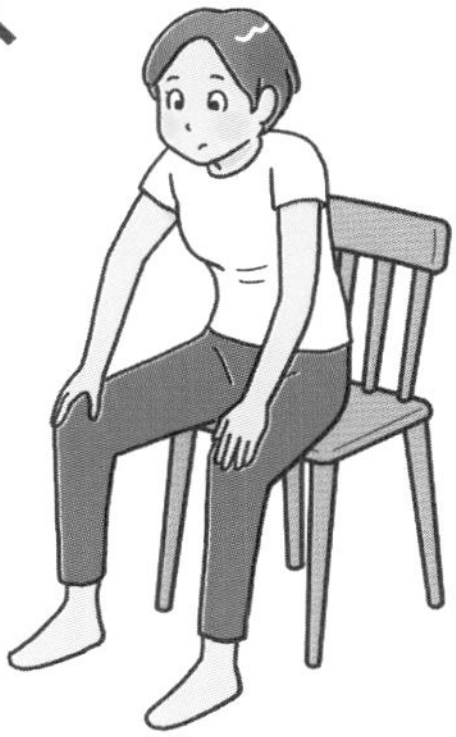

骨盤が動かず、みぞおちから体を丸めてしまうと、下腹力がまったく動員されない。

こり、やせにくいなどの体型の悩みも解決しません。

「骨盤を丸めて立たせる動き」、あまりやったことがなかったです。

そうかもしれませんね。**実は日常生活ではこんな動きはしたことがない！　意識したこともなかったというような動きに老化を防ぐカギがある**んです。眠っていた体の部位を目覚めさせるための慣れない動きだから、マスターするまで時間がかかるかもしれません。でも、毎日この動きをやってみてください。在宅ワークで椅子に座りっぱなしのときや、トイレに入ったとき、テレビを見ながらなど、日常生活のふとしたタイミングでいつでもどこでも！

　この動きをマスターすれば、いつの間にか下腹（骨盤まわり）の引き上げ筋が自然に育って、骨盤をまっすぐ立てることができるようになります。私が提唱している**〝動作の中にこそ腹筋運動あり〟**です。

椅子に座りながらだし、毎日できそうです。

そうですね。この動きなくしてカラダの「軸」づくりはできません。「軸」なくして年齢逆進はありませんから！

お腹もへこむし、腰痛もなくなりそうで、がぜんやる気が出てきました！

上下左右斜め、体は常に引っ張り合い

年齢に逆進できる「軸」のある体になるための意識②

下腹からの引き上げの大切さ、よくわかりました。 これまでしたことがあまりない慣れない動きだから毎日実践してみますね！ それにしても、私は**気がつくとすぐに猫背**になってしまって姿勢がどんどん丸まって、**五十肩**になったこともあり、「老い」を感じてしまいます。**年齢を感じさせない体になるための秘訣**、もっとありますか？

老けない、痛まない、太らない体のために大事なことがまだまだあります。それは、**体の内側で上下左右、対角線で「引っ張り合う」意識**です。肩の痛みはさまざまな原因がありますが、**「小手先」だけで動かしていると、血流が滞って動きも制限されていく**のが原因の一つになります。

引っ張り合い？ 引き上げ以上に、よくわからないんですが？？

「体の内側の引っ張り合い」と聞いても、ダンスやバレエの経験者でもない限り、ピンとくる方は少ないかもしれません。そこで、引っ張り合いを簡単に体感できる動作をひとつ行ってみましょう。動作自体は、両腕を上げて、下ろすだけです。

① まず、骨盤を立てて椅子に座り、肩から両手をまっすぐ上げてください。

② 次に、ひじを曲げながら、ひじをぐーっと自分の脇から遠ざけるように（体から遠回りさせて）引っ張りながら下ろします。

引っ張り合っているのかよくわからないです。

カン子さん、引っ張り合いがよくわからなかったら、もっとひじとひじを外側に引っ張り合ってみて。前より胸が開きませんか？

たしかに自然と胸が開き、背すじも伸びます！ 体の内側の引っ張り合いとはこういう

引っ張り合いを感じてみよう！

1 骨盤を立てて椅子に座り、両腕を頭の上に上げる。

2 上げた腕をひじを曲げて体から遠くを通るように下ろす。

感じなんですね。

「体の内側の引っ張り合い」とは、このように動くときに、**肩、腰は左右に、肩から腰にかけて上半身に×（バツ）を描くように斜めにも引っ張り合い、どちらにも傾かないような意識**です。もちろん下腹からの引き上げはそのままに、頭から足まで上下も引っ張り合います。この縦・横・斜めの引っ張り合いを感じながら、体を保つイメージを持ってみましょう。

「引っ張り合い」をちゃんと感じられるようになりたいです！

カン子さんが姿勢を正そうとして、頭が後ろに行ってしまったのも上下の引っ張り合いがなく、ちゃんとまっすぐな「軸」を感じられていない状態なんです。年齢を重ねるとどこかが痛くなったり動かしづらくなったりして、体のクセがどんどん強くなります。**人間の体はクセだらけ。自分の使いやすいほう、ラクなほうに逃げてしまうんです。**例えば上下の引っ張り合いの意識がないと、体がみぞおちから丸まって猫背になったりと影響が出てしまいます。

引っ張り合いは上下左右斜め

体を「引っ張り合う」感覚は頭のてっぺんから足までの上下、肩や骨盤などの左右、ひねる動作や片手片脚になる動きなど、動作によっては、右肩から左骨盤など対角線、というようにさまざまな方向を意識する。

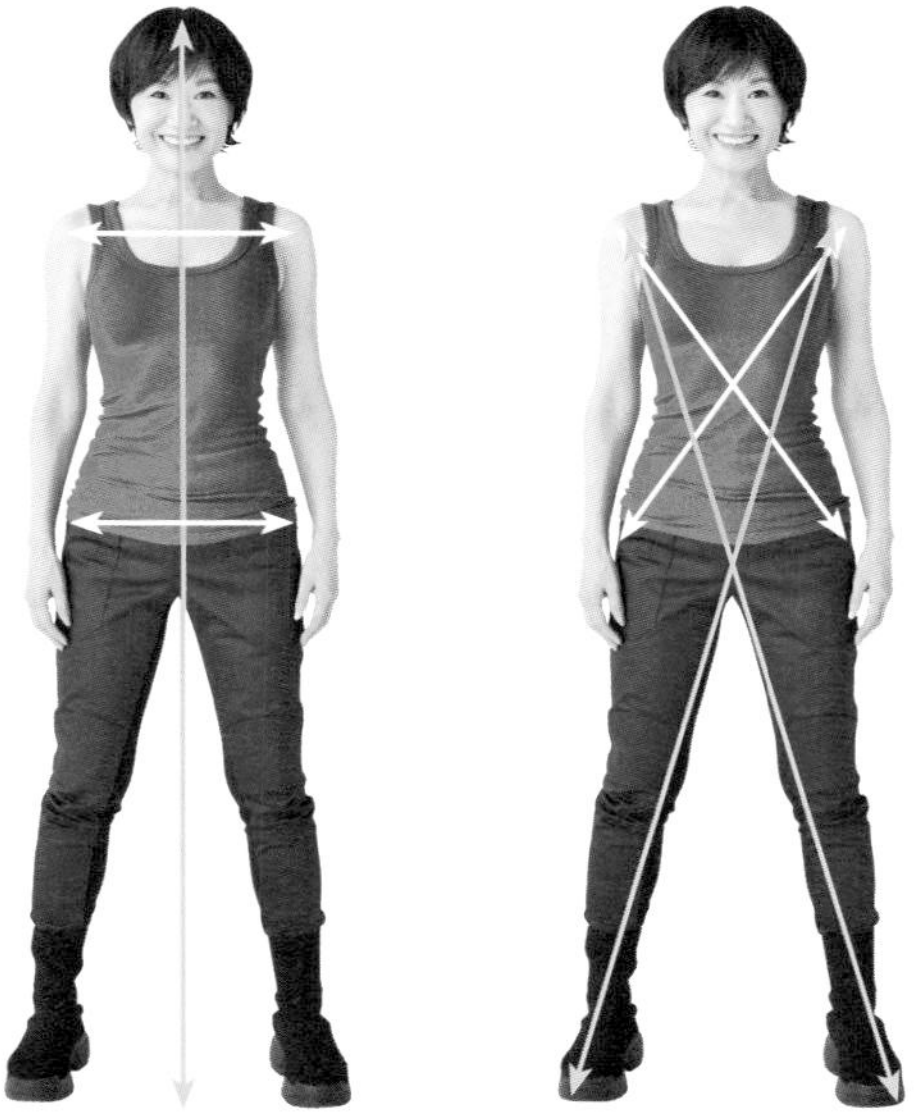

先ほどカン子さんが「胸が開いた」のも左右の引っ張り合いができたから。引っ張り合いがないと呼吸も浅くなります。骨盤も倒れてしまいます。つまり「上下左右、あらゆる方向の体の引っ張り合い」を意識することは、そのクセを正すことにつながるんです。

もうひとつ、P36の「ツイストショルダーストレッチ」の2をやってみてください。

よーし（グイ～）

ほらね、カン子さん、体を右にひねるときに左側の骨盤が右側に引っ張られていますよ。左側も意識して骨盤の左右を均等にするために「引っ張り合う」ことが大切なんです。右肩から左ひざの斜めも引っ張り合う意識を持ってみてください。反対側をもう一人の自分が引っ張ってくれているようなイメージを持つとよいです（イラスト参照）。これがないと、股関節が内旋したり、肩が内側に入ってしまったり、体の重心が落ちたりしていきます。この「引っ張り合い」がないまま動いてしまうことを何十年も繰り返していると、ついてほしくないところにお肉がついたり、老けて見えてしまうんです。

体全体で意識するんですね。

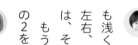

引っ張り合うイメージ

上体をひねるときの引っ張り合いは、ひねる方向とは逆側を、もう一人の自分が押さえてくれているようなイメージで。

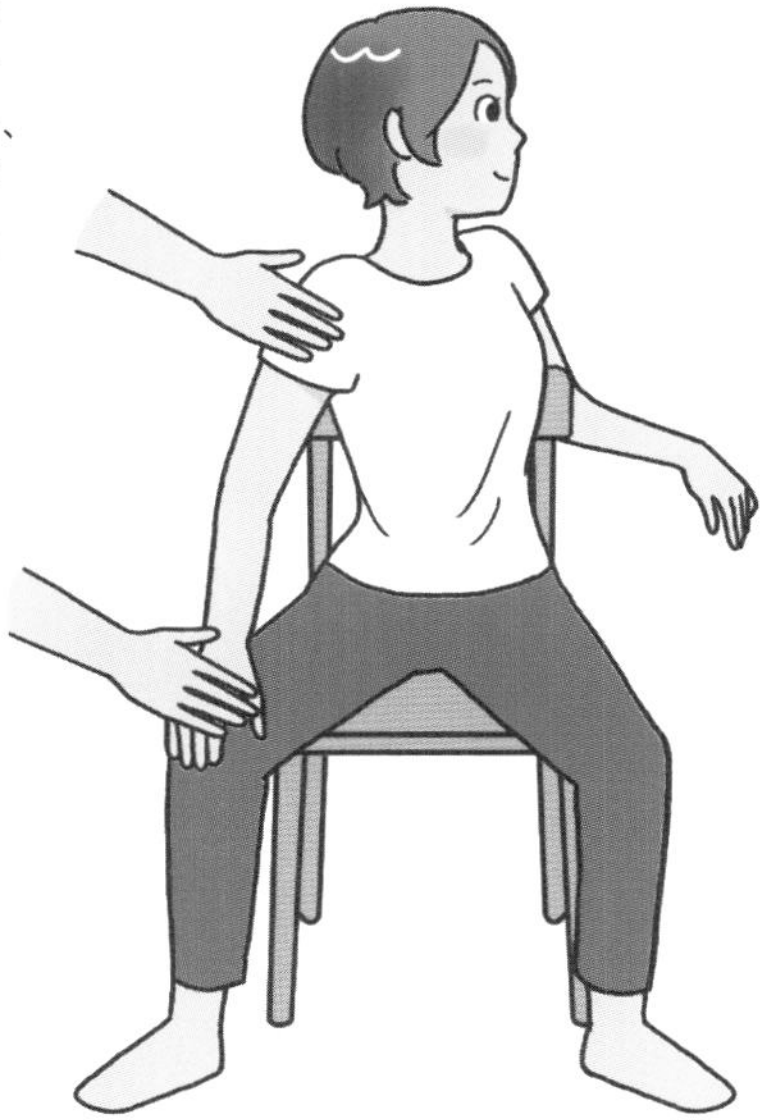

そうですね。**頭のてっぺんからつま先まで、「引っ張り合い」を意識すると、体の正しい向きを自分の体に教えられます。そうすると、自然に体は整い、若返ってくる**のです。

こうして自分で引っ張り合って胸を開いていけば、呼吸も深くなり、血流もよくなります。カン子さんが気になる姿勢が丸まってしまうことも改善されますよ。

いいことずくめですね。

今回の「軸トレ」は、やみくもに鍛えていくのではなく、体の内側と向き合って正しい方向を自分でじっくり見つけられるプログラムです。一見地味な動きですが、実は若々しくいるための近道なんです。「軸トレ」だけではなくパート3の「筋トレ」をするときも、この「引っ張り合い」を体の内側で感じながら行ってください。これを意識して動くと骨盤力が養われ、偏りも自然に矯正されていくと思いますよ。

「地味トレ」がんばります！

何歳からでも体は変わりますから、カン子さんも実践あるのみですよ！

関節と筋肉はロックせず、柔らかく（使う）

手脚の根っこから動かす

手脚の根っこは体の幹にありです。腕の根っこは脇（肩の関節）、脚の根っこは股関節、足の根っこは足首の関節です。

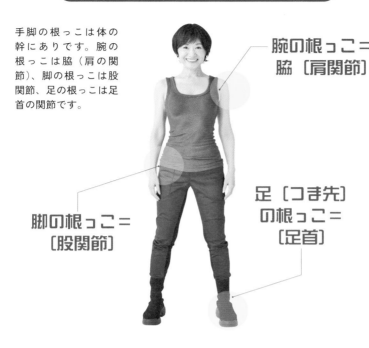

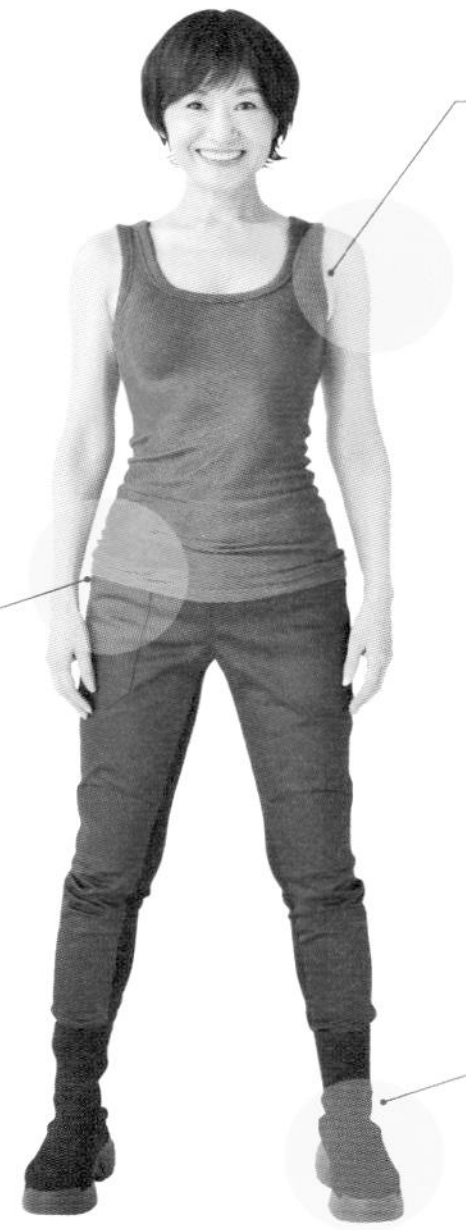

体へのいろいろな意識づけを聞いて、先生がケガや痛みがない理由がだんだんわかってきました。

いえいえ、私もダンサー時代にひざを酷使して、痛めています。アクシデントがあって肩や股関節のケガもありました。でもね、そのときに自分で動いて治していく中で、関節はロックせず柔らかく使うことの大切さを実感したんです。**動作をするときに手脚の〝根っこ〟(関節)から動かす意識を持つ**ことでケガを克服したことがメソッドへの自信につながっています。

脚の根っこって何ですか？

根っこは、腕なら脇（肩関節）、脚なら股関節、つま先を動かすなら足首になります。根っこから滑らかに動かすことって、トレーニングとは関係ないのでは、と思うかもしれませんが、実は滑らかに動かせば動かすほど「軸」の力がつくの

関節を柔らかく使うスタンス

座る

座って左右開脚すると、多くの人が脚を自分の股関節の可動域以上に広げがち。開いたときに骨盤が寝てしまう（後傾）のは開きすぎのサイン。

立つ

立位のときも足幅（スタンス）を広げすぎないように。広すぎると片脚の軸に乗るときに骨盤が傾いてしまう。骨盤を立てることを優先したスタンスに。

です。無意識の動作ではどうしてもアウターが先に誘導されて動いてしまいます。力任せに手脚だけで動いてしまうんです。そうなると下腹力も衰えていくばかりです。意識的に関節を柔らかく使うということは動作を体の幹からすることになり四肢に無駄な力が入らず、眠っていたインナー（筋）も動き出します。それがしっかりした体の土台づくりになります。

関節が私、硬くって、全然開脚とかもできないんです（と、がんばって開脚をしようとする…）。

柔らかくってそういう意味ではないんですよ。**脚が開けば柔らかいというわけではないんです。**骨盤が立たないまま自分の可動域以上に開こうとしてしまうと、それが関節をロックさせてしまいます。関節を柔らかく使うには開脚だけでなく、立位で体重移動するとき片脚に乗るときなども脚のスタンス（足幅）を広げすぎないこともポイントです。スタンスが広すぎると四肢に力が入ってしまいますから。

これまで意識したこともなかったことばかりでした。体の「軸」づくり挑戦してみたいです！

PART2

自然と体が整いみるみる若返る！

樫木式
軸トレ

年齢を逆進させるために必要な、
「軸」を養うために、
今日から実践したいトレーニング。
一見すると地味トレですが、
樫木式・体づくりのノウハウや
効かせるコツが満載。
じっくり丁寧に取り組みましょう。

樫木式 軸トレの効かせコツ7

樫木式軸トレを体にきちんと効かせるためのコツを紹介します。
７つのことを意識しながら行ってみてください。

コツ1 エクサを始めるとき、少し「モソモソ」動いて体をゆるめて

軸トレを始める前に、骨盤を揺らしたり「モソモソ」動いて固まってしまっている関節や筋肉をゆるめて準備しましょう。

コツ2 呼吸を意識！吐くときは下腹から

骨盤を立てたり寝かしたりなど、動作の際の呼吸も意識しましょう。骨盤を丸めるときには呼吸は下腹から自然に吐きます。「吐く」を長くすることで引き上げ力を高めることができます。

コツ4 脇腹をまっすぐ立たせておくようにする

脇腹が左右どちらかに傾いて縮まらないように。軸トレ中は脇腹を左右均等にしっかり立たせた状態を意識しましょう。

コツ3 スタンス（脚の幅）を自分の可動域以上広げすぎない

椅子でも立った状態でも、スタンス（足の幅）を自分の可動域以上に広げすぎないように注意します。骨盤が立たないようなら広げすぎなので狭めましょう。

コツ5 動作と動作の間こそ意識して丁寧に動かす

動作と動作の間（①と②の動きに移る間）こそ丁寧に動くことを意識します。それが筋力につながります。動作の最後までじっくりと動かして。

コツ6 股関節やひざが内施しないように注意

股関節やひざが内施してしまう人が多いです。そうならないように足とひざの方向は同じ方向に向けるように気をつけましょう。

コツ7 効かせたいところは触れて意識をスイッチ

私の軸トレでは普段意識していないところを意識させるので、意識させたいところに触れながら行います。例えば骨盤の動きを意識したいときは下腹に触れて意識をそこに向けてスイッチ！

樫木式 軸トレの基本①

お腹のインナーにスイッチが入る

骨盤ロール&ウェーブ

意識しにくい下腹にスイッチを入れ、腰痛も予防する樫木式軸トレの重要なウォーミングアップです。体を曲線的に丁寧に動かして。

ペタ腹　腰痛ケア　背中のこり改善

上体を前に倒して
ウェーブ
SIDE
骨盤は
立てる
下腹部から
丸めて起こす
下腹部を
丸める

2 下腹部からお腹を丸めたら、頭から脚の間に上体を入れるようなイメージで前に倒し、反りながら上体を滑らかに起こします。

1 椅子に浅く腰かけます。下腹部からお腹を丸めて、骨盤から起こします。数回繰り返します。

POINT

腰を丸めたときに、あごや首が前に出るのはNG。また、胸の下から丸めるのではなく、下腹部（へその下）から丸めるイメージで。

×

1～2と反対の動きを行う

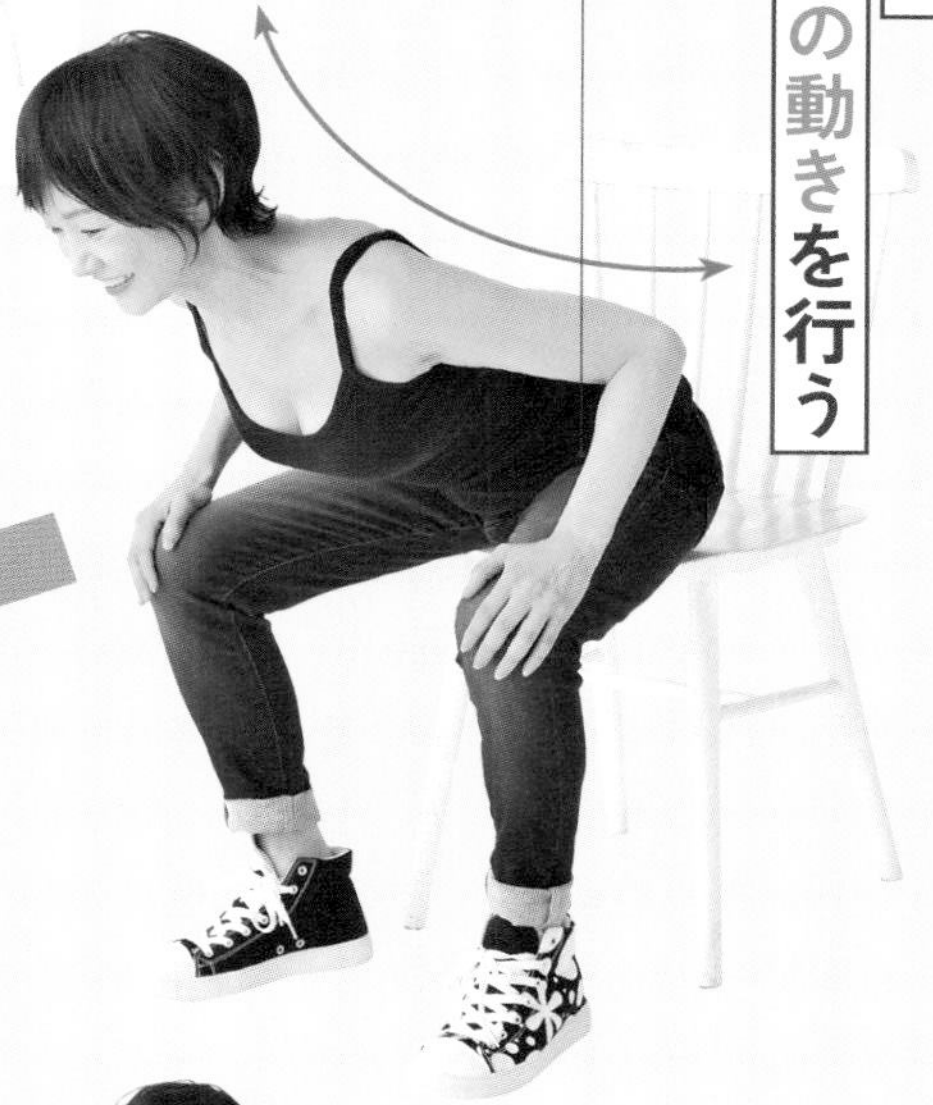
脚の付け根から
胸を反らす

下腹部から
吸い上げる
ように

起こす

3 下腹部からお腹を丸めたら、脚の付け根から胸を反らして上体を前に倒し、次に腰を丸めて下腹部から吸い上げるように上体を起こします。1～3を繰り返します。

土台となる足首・足指を目覚めさせる

ひざゆるめ&足首ブレーキ

軸づくりに必要な足の力を養うウォーミングアップ&ケア。この動きの要は、“足首”。つま先を動かすときも「足首から」を心がけて。

下半身のむくみ緩和　脚力強化の準備　ひざケア

1 椅子に浅く腰かけ、お腹を使って右脚を斜め前に出します。手のひらで、股関節～太ももを外側に向かって刺激。続いて手の指の腹でひざを引き上げるように刺激をしたら、つま先を上下します。このとき、つま先が遠くに行くように足首を使い、足指を開きながら動かすのがコツ。

体重をかける

太もも、ひざを刺激して
つま先を上げ下げ
足首を使う

POINT

足首を使うことと併せて、意識したいのが足の指。手と同じように、足の5本指をしっかり開くイメージを持つと◎。

2 お腹を使って右脚を引き上げ、クロスした両手のひらでひざを刺激。さらに、足首からつま先を上下に動かします。脚を丁寧に下ろし、反対側も同様に。

ひざを引き上げて 足首を上げ下げ

手のひらでひざをマッサージ
ひざ下をぶらぶら動かす

樫木式 軸トレ①

引っ張り合う力が身につく

ツイストショルダーストレッチ

軸をつくる最大のポイントが体の“引っ張り合い”。肩、骨盤、股関節からのひざの引っ張り合いを常に感じながら行うことが大切です。

ウエストすっきり　肩こり改善　美姿勢維持

脚の内旋を防ぐため
手でスイッチを入れる

1 椅子に浅く腰かけ、お腹を使って右脚を斜め前に出します。脚の付け根から太ももにかけて、外にひねるように手のひらで刺激。続いてすねの内側を親指で刺激しながら下ろし、水道の蛇口をひねるように足首を外側に回します。

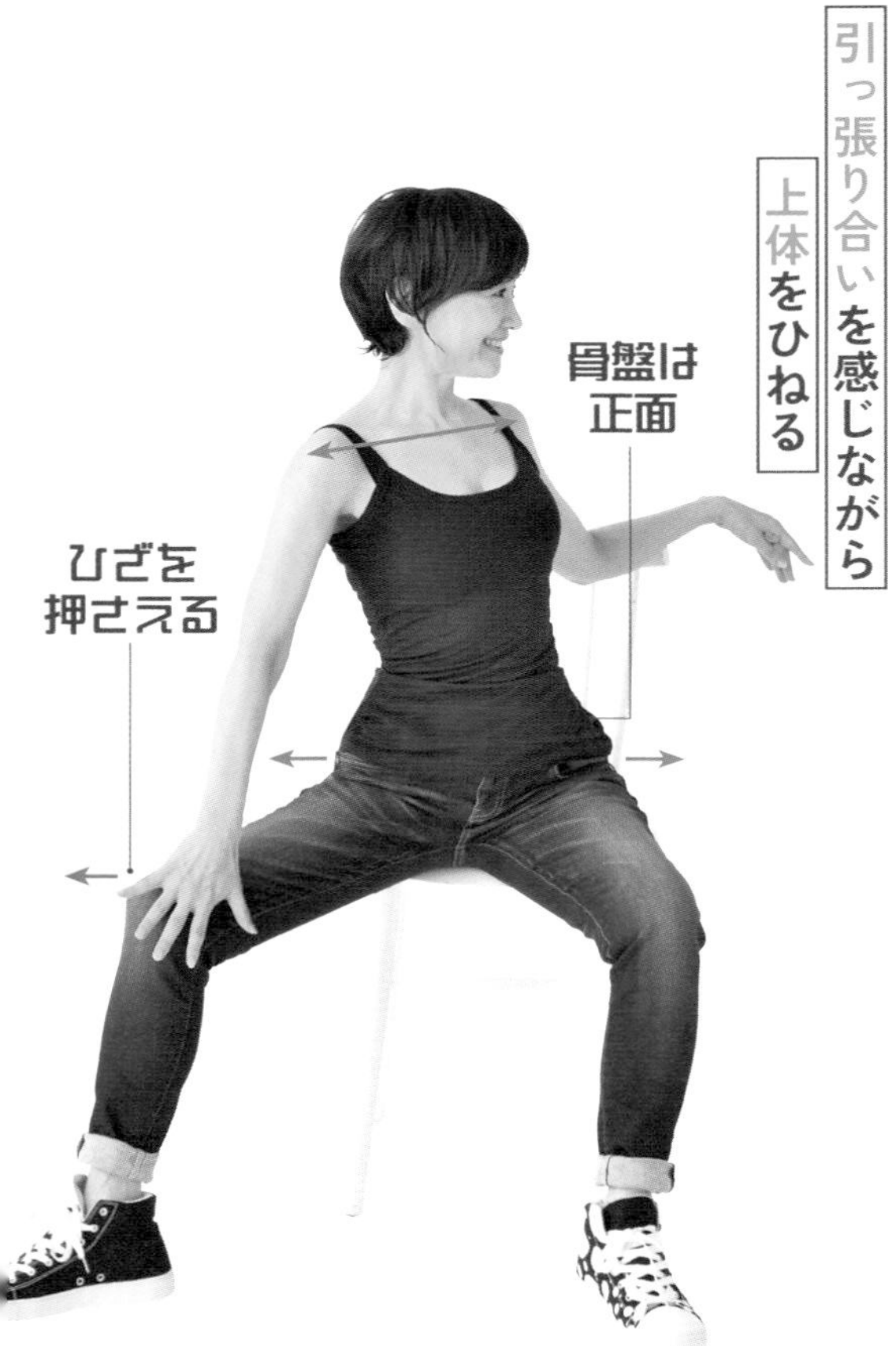
引っ張り合いを感じながら
上体をひねる
骨盤は正面
ひざを押さえる

2 右手で右ひざを押さえて、上体を脚の付け根から左にツイストします。このとき、右のひざ、骨盤、肩が左につられないように注意。数回行います。

POINT

脚を開く、戻すときは脚の力ではなく下腹部を使いましょう。

ここを強化できる!

☑体の引き上げ力
☑体の引っ張り合い力
☑下腹部力
□関節の可動域を広げる

脚の付け根から倒し
肩をストレッチ

3 上体を正面に戻したら、脚の付け根から上体を斜め前に倒して肩をストレッチします。数回繰り返して。

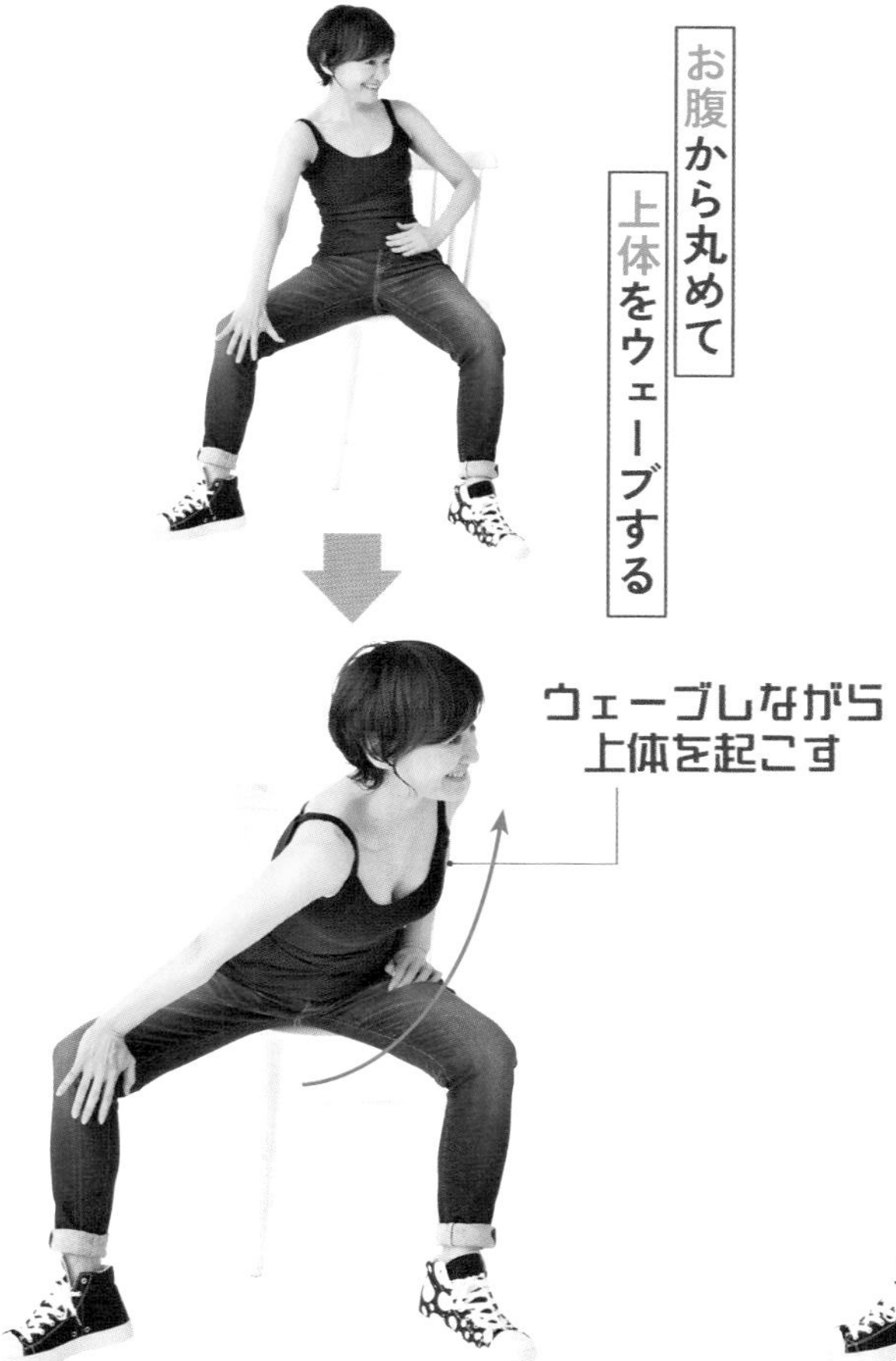
お腹から丸めて
上体をウェーブする
ウェーブしながら
上体を起こす

4 下腹部からお腹を丸め上体を滑らかにウェーブしながら肩をストレッチして上体を起こします。右脚を戻したら反対側も同様に。

樫木式 軸トレ②

肩や背中の可動域を広げる

スイムローリング

背中が丸く、肩が前に出て腕が内旋した猫背姿勢を改善するエクササイズ。平泳ぎをするように、腕を外側に大きく広げましょう。

美姿勢維持　肩こり改善　背中すっきり

高く伸びる
イメージ
腕は上がり
きらなくても
OK
体を引き上げながら
下腹部を丸める

2 肩甲骨を意識しながらひじを引き寄せます。

1 椅子に浅く腰かけます。脇腹を手でなぞりながら両腕を上げ、体を上に引き上げて。ひじを軽く曲げながら、下腹部を丸めて戻します。数回繰り返して。

POINT

手のひらで空気を押すように、二の腕、脇、背中に圧を感じながら行うと効果がアップ。肩が上がったり背中が丸まらないように注意して。

×

ここを強化できる！

- □体の引き上げ力
- ☑体の引っ張り合い力
- □下腹部力
- ☑関節の可動域を広げる

手のひらを外に返し、平泳ぎのように腕を開く

3 下腹部を丸めながら腕を前に伸ばします。平泳ぎをするように手のひらを外側に返して、左右に大きく半円を描きながら骨盤を立てて2に戻ります。数回繰り返します。

手のひらは
外向きに

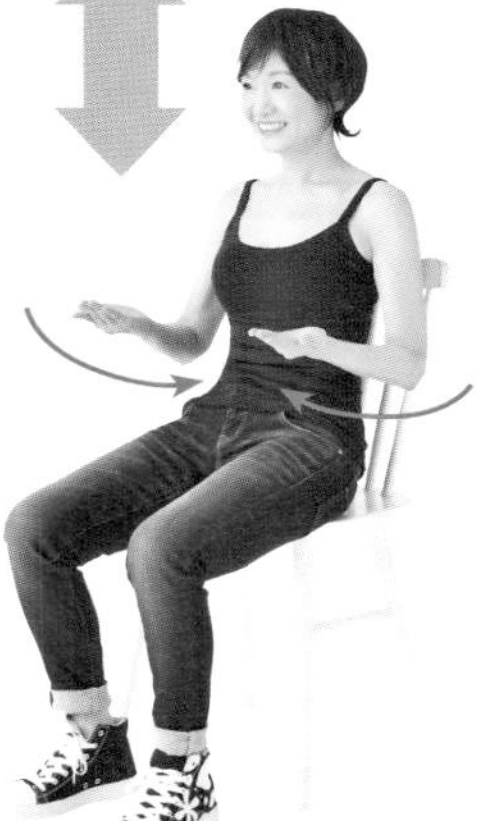

二の腕を
意識
脇から動かす

4 下腹部を丸めながら、腕を内側に軽く閉じ、骨盤を立てながら胸を出すように開きます。数回繰り返して。

しなやかで強いお腹まわりをつくる

骨盤ローリング

お腹のインナーを強化し、柔軟性のある骨盤を養うのに最適なエクササイズ。お腹全体をやわらかく丁寧に使いましょう。

ペタ腹 腰痛ケア

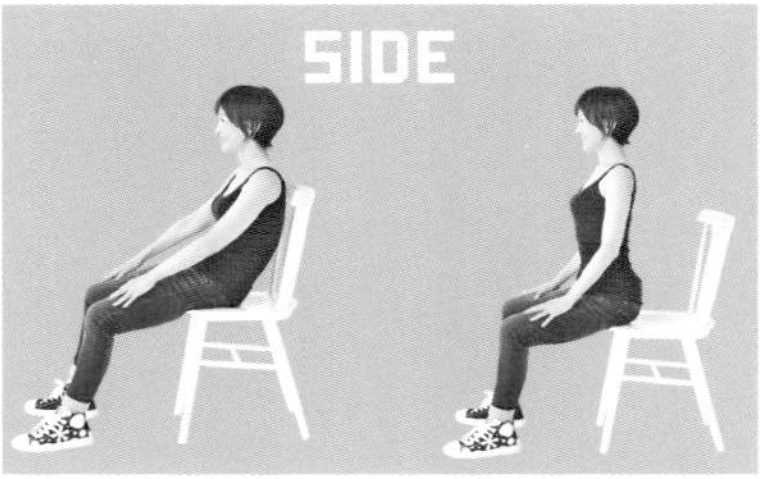
SIDE

下腹部を丸め
体をゆるめる

左右の肩は常に平行
下腹部でなめらかな円を描く

1 椅子に浅く腰かけ、足を軽く開きます。下腹から上に引き上げながらお腹を丸め、上体をゆるめるように軽く左右に揺らしてから体を戻します。

2 次に、右→後ろ→左→前の順に下腹を使いながら上体を動かします。数回続けたら、今度は円を描くように滑らかに回しましょう。左→後ろ→右→前と逆回りも同様に。

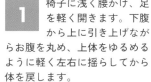

POINT

上体を動かすときに、体が傾きやすいので、常に左右の脇腹を同じ長さに保つこと、肩の位置を平行にすることを意識しましょう。

ここを強化できる！

- ☑体の引き上げ力
- ☑体の引っ張り合い力
- ☑下腹部力
- □関節の可動域を広げる

ひじを左右に引っ張り合う

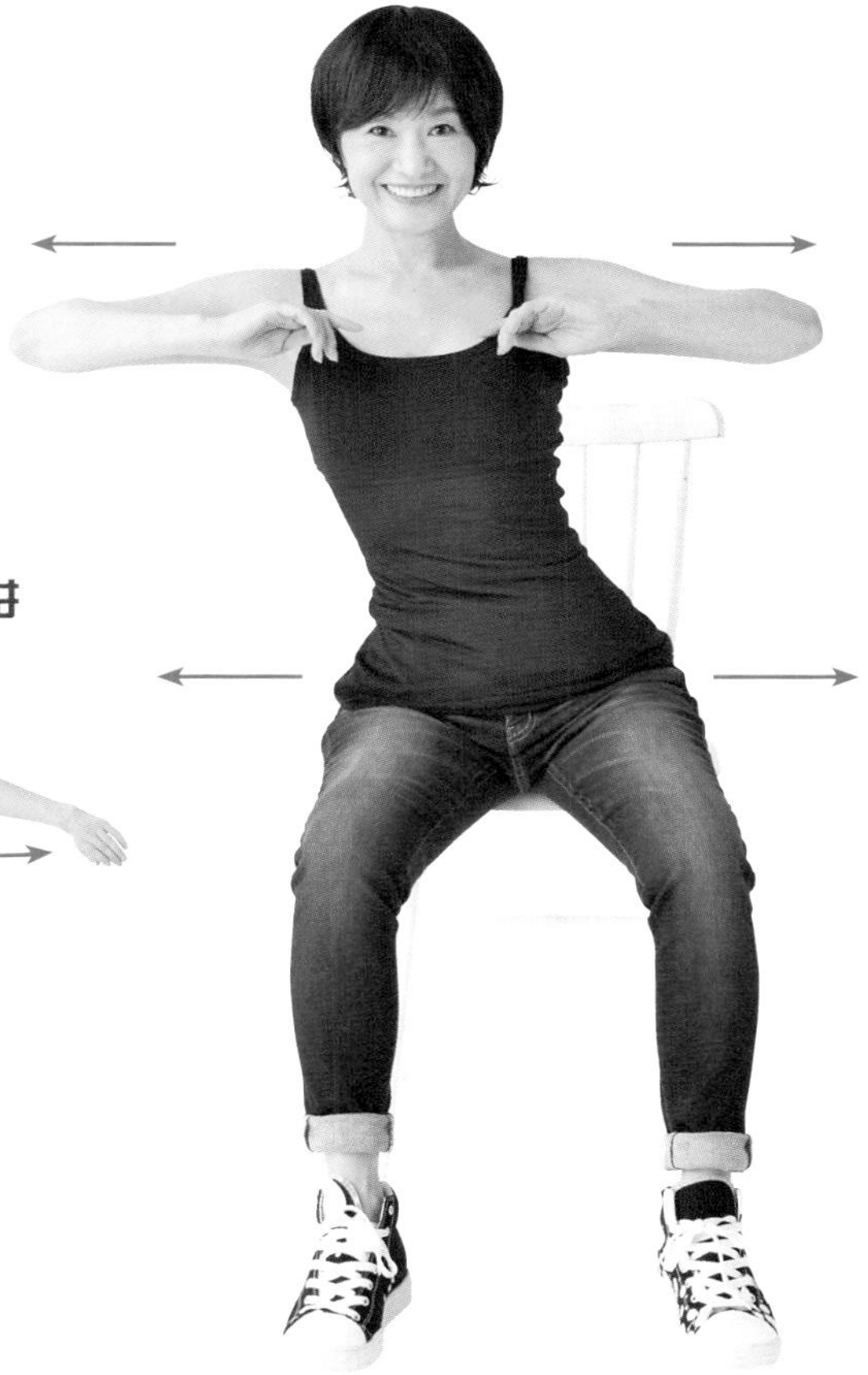

3 胸の前で腕をクロスしてから両ひじを開きます。ひじを引っ張り合いながら、上体を左右にスライドするように動かして。

手のひらで空気を押し出す

4 ひじと腕を外側に開き、空気を押すように手のひらで数回プッシュします。

座ったままで**腹筋強化!**

お腹でレッグアップ

座ったままできる究極のペタ腹エクサ。お腹を使って脚を動かすことで、腹筋運動以上の引き締め効果が得られるはず。

ペタ腹　腰痛ケア　骨盤力強化

お腹で脚を引き寄せる
ひざに足をかけようとして戻す
骨盤は右脚につられない
ひざは内旋しない
股関節で動かす
ひざを曲げながら股関節で小さな円を描く

1 椅子に浅く腰かけます。お腹を丸めながら右脚を持ち上げ、左ひざに脚をかけようとするように動かし（実際はかけない）、戻します。軸となる左脚がぶれないように、左右の骨盤を意識。数回行います。

2 再び、お腹を丸めながら右脚を持ち上げ、左ひざにかけようとした後に、股関節で小さな円を描きます。脚の力ではなく股関節から動かすのがポイント。反対側も同様に**1**～**2**を行います。

POINT ×

足は椅子の近くに置いて。脚を持ち上げたり、動かしたりする際、骨盤は常に正面向きをキープ。

ここを強化できる！

- ☑体の引き上げ力
- ☑体の引っ張り合い力
- ☑下腹部力
- ☐関節の可動域を広げる

股関節の付け根を引く

頭は重力に負けない

手の位置はふくらはぎでもOK

上体を倒しつま先を上下

3 股関節が内旋しないよう、付け根を親指で触り、上体を倒します。足首あたりを持ちお尻を浮かせ、つま先を左右交互にアップダウン。お尻を下ろし、下腹を意識（お腹は膨らませない）しながら上体を起こします。

内もも、お腹を同時に引き締め

太ももタッチ&オープン

腕や脚を動かすときは、空気を押すイメージで。動きは小さくてもいいので、ゆっくり丁寧に効かせていきましょう。

ペタ腹　内もも強化&引き締め

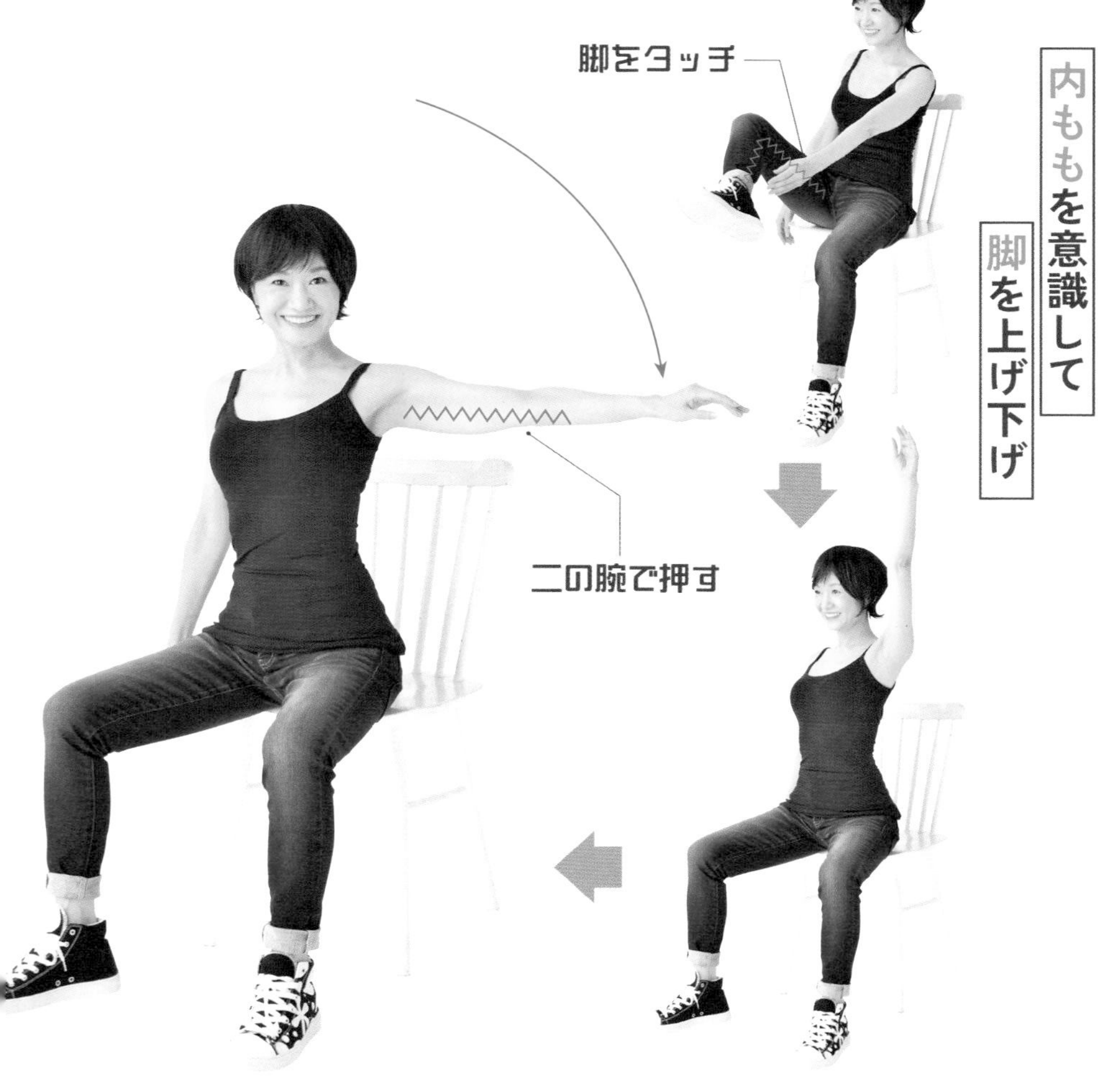
脚をタッチ
二の腕で押す
内ももを意識して
脚を上げ下げ

1 椅子に浅く腰かけ、足を軽く開きます。お腹を使い、右内ももを意識しながらかかとから脚を持ち上げ、同時に左手で右脚に軽くタッチ。脚を下ろしながら左腕を真上に上げ、横に開きます。二の腕で空気を押すように動かして。数回繰り返します。

POINT ✕

肩が上がったり、脚が内旋したりしないように注意。**2**で脚と腕は開きすぎず、常に左右の肩、骨盤に引っ張り合いを感じながら行って。

ここを強化できる！

☑体の引き上げ力
☑体の引っ張り合い力
☑下腹部力
□関節の可動域を広げる

片脚を持ち上げ 脚と腕を開閉する

足首を持てない人は
ひざでもOK

常に内ももを
意識

2 下腹部を丸めながら右脚を持ち上げ、両手で足首を持ちます。右脚、左腕を引っ張り合いながら数回開き、左腕を真上に伸ばしながら脚を下ろし骨盤を立てます。反対側も同様に、**1**、**2**を行います。

樫木式 軸トレ⑥

脇腹と骨盤まわりを強化

斜めキープストレッチ

体を倒しても上体は常にまっすぐキープするのがポイント。お腹を呼吸で膨らませないように注意。

脇腹強化　骨盤力強化

ひじを引いて
下腹部を丸める

お尻の半分で座る
お尻半分で腰かけ
脚を伸ばす
ひざは軽くゆるめる

1 お尻の右半分を椅子の座面に乗せ、左脚を横に伸ばします。手のひらで、左太ももを外側に向けて圧をかけます。

ひざは軽く
ゆるめる

2 右ひじを引いて胸を斜めに開いたら、腹筋運動をするように下腹部を斜めに丸めて戻します。数回繰り返して。

POINT

3、4で上体を倒すときは、両脇を長く保って。起こすときは腕や足の力に頼らず、腰骨から起こすことがポイントです。

ここを強化できる！

☑体の引き上げ力
☑体の引っ張り合い力
☑下腹部力
☐関節の可動域を広げる

片腕を伸ばし、
上体を横に倒す
腰骨から腕を
伸ばすイメージ
骨盤は
常に正面
股関節は
ゆるめる
両腕を添えて
上体を起こす
脚は
突っ張らない
ひざはゆるめる

3 左腕を真上に伸ばし、腰骨から両脇を真っすぐに保ちながら上体を右に倒してから、起こします。倒したときに、腕から脚が一直線になるように意識し、腰骨から戻しましょう。この時、体が反ったり前に倒れたりしないように注意。

4 次は3と同様に体を倒し、もう一方の腕も伸ばしてから起こします。強度が高めなので、できる人はチャレンジしてみて。反対側も同様に1～4を行います。

脚のゆがみもすっきり

バレエポジション～1番～

バレエの基本の1番ポジションで、内旋しがちな股関節を開きます。
脚のゆがみ改善にも役立つエクササイズ。

脚のゆがみ改善　骨盤底筋群強化　内ももの強化

FRONT

1 椅子の後ろ側（距離は腕の長さくらい）に立ちます。足は、かかとを合わせてつま先を軽く開き、脚の付け根から上体を倒してひざを曲げます。

椅子に
持たれすぎない
内ももを
意識
足の指は
しっかり開く
椅子の背を持ち
ひざを軽く上下する

2 椅子の背に手をかけます。下腹部を引き上げながら、お尻の高さを変えないように、ひざの曲げ伸ばしを繰り返します。ひざは伸ばしきらないで。

POINT ×

脚の付け根が引けず、肩が上がり、頭が前に落ちた姿勢はNG。背中をまっすぐに保ち、頭とお腹を引き上げた姿勢で行って。また、ひざは内に入らないように。

ここを強化できる！

- ☑体の引き上げ力
- ☑体の引っ張り合い力
- ☑下腹部力
- ☐関節の可動域を広げる

ひざをゆるめて かかとを上げ下げ

足の付け根は
常に引いておく
ひざは内に
入らない

3 続いて、ひざを軽くゆるめた状態で、左右のかかとを交互に上下。足の指を開いてかかとはしっかり上げて、足の甲を伸ばしましょう。お腹を意識しながら起き上がります。

お腹とお尻を引き上げる

バレエポジション～2番～

1番のポジションから、やや足を広げたバージョン。さらに下半身への負荷が上がり、お腹やお尻を引き上げる筋力がアップします。

ペタ腹　脚のゆがみ改善　お尻力アップ　内ももの強化

1 椅子の後ろ側（距離は腕の長さくらい）に立ちます。足は肩幅に開き、軽くつま先を外側に。足の付け根から上体を倒してひざを曲げます。

背中は丸まらない

下腹部を引き上げて

ひざを曲げ伸ばしする

2 椅子の背に手をかけます。下腹部を引き上げながら、お尻の高さを変えないように、ひざの曲げ伸ばしを繰り返します。椅子に頼りすぎず、お腹で上体を支えて。

POINT

かかとを上下する際は、5本の指で床をしっかり押して、かかとを遠くに下ろす意識を。一つ一つの動作を丁寧に行いましょう。

ここを強化できる！

- ☑体の引き上げ力
- ☑体の引っ張り合い力
- ☑下腹部力
- □関節の可動域を広げる

お腹で
上体を支える
ひざは内に
入らない

ひざをゆるめたまま

かかとを上げ下げ

足の甲は
伸ばす

3 ひざを軽くゆるめた状態で、左右のかかとを交互に上下。足の指は開いてかかとはしっかり上げて、足の甲を伸ばします。

4 最後に両方のかかとを同時に上下。お腹をキープしてかかとを下げてから、上体を起こします。

樫木式 軸トレ⑨

すべての意識を体の中心に集中させる

上体スイッチ

シンプルなエクサだけれど、一番キツい！　上体を起こすときは、骨盤が真っすぐ立つまで体の中心を意識して戻すのがポイントです。

ペタ腹　骨盤力強化　脇腹強化

上体を引き上げ
片腕を上に伸ばす
脚の付け根から
斜めに上体を倒す
脚の力は
抜く

1　椅子に浅く腰かけ、足は軽く開きます。脚の力は抜いて、右腕を真上に伸ばします。

2　両脇腹が縮まないように、左斜め前に向かって脚の付け根から上体を倒します。

POINT

×

上体を斜めに倒したときに、猫背になったり姿勢が崩れないように。脚や腕の力の勢いで行わず、骨盤力を高めましょう。

ここを強化できる！

- ☑体の引き上げ力
- ☑体の引っ張り合い力
- ☑下腹部力
- ☐関節の可動域を広げる

両脇は伸ばす
脇腹を伸ばしたまま
上体を起こす

3 2の姿勢から、両脇腹を伸ばしたまま、腰骨を使って上体を起こします。数回繰り返して1に戻り、反対側も同様に。

樫木式メソッドで体も心も変わった！

体験レポート

スタジオに通っている方々に、樫木式メソッドの魅力や自身の変化についてリサーチ！

REPORT 01

佐藤真理さん(60歳・パート)

60歳で20代前半の頃の体重に。尿もれが改善し、整体も卒業！

AFTER　　BEFORE

体重は9kg減！20代の頃の体形に！
お腹ぽっこりが気になります…
姿勢をよくしようとして頭部後ろ型になる人が多いです（樫木）

樫木's Voice

スタジオに通われている職場の同僚の方の変化を見て通われるようになりました。初めていらしたとき、一見やせてスラリとされているけれど実はお腹がポッコリ。コツコツ楽しみながら通われるうちに動きも姿勢も洗練され変化していく姿がうれしかったです。60歳でも変われる！

私は体を動かすことが苦手で、樫木式を始めるまで、スポーツは何もしてきませんでした。筋力がすっかり衰えていたのか、出産後は、笑ってもくしゃみをしても尿もれをするように…。それが骨盤底筋群の衰えによるものだということを知ったのは、樫木式メソッドに出合ってからです。

54歳からスタジオに通い始め週1回は必ずレッスンを受けるようになって半年後、気づけば尿もれはすっかりなくなっていました。整体通いも必要なくなり、便秘薬も買わなくなりました。

体重も60kgから51kgに。これは20代前半の頃と同じ数値で、もう体重計に乗らなくなりました。

レッスンを重ねるうちに、正しい姿勢や体の使い方が身につき、外見も変わったのですが、それ以上に、体の内側が変わり続けているなと感じます。心身の調子がいまひとつなときも、樫木式メソッドで体が整うと、心も整います。おかげで、身のまわりで大変なことが起きても、前向きに乗り越えることができています。

仕事では階段の上り下りや、しゃがんだり立ったりする動作が多いのですが、数年前より60歳になった今のほうが、息切れせずに動けるため、勤務時間を増やしました。

樫木式メソッドを学んで6年。今が一番体が軽く、よく動ける自分にびっくりしています。この先、どれだけ体が進化していくのだろう!? と思うと、樫木式メソッドとともに年齢を重ねていくのが楽しみで仕方ありません！

REPORT 02

めいさん(52歳・看護師)

生活習慣病の一歩手前の状態から
健康診断も優良の自己ベストを更新中!

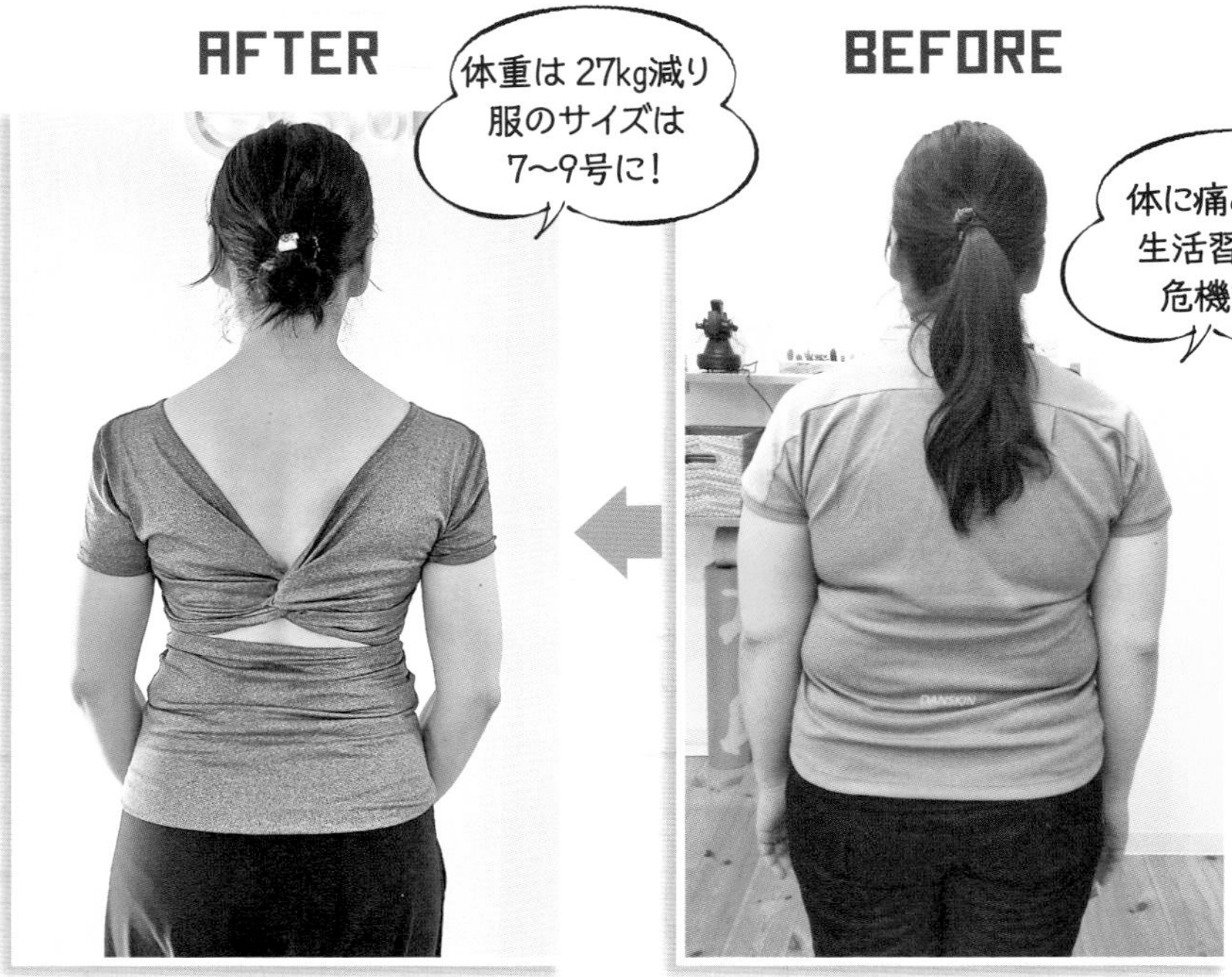
AFTER
体重は27kg減り
服のサイズは
7〜9号に!
BEFORE
体に痛みがあり
生活習慣病の
危機でした

スタジオCができた2015年から通っています。当時の私の服のサイズは15〜17号で、体は重く不調だらけ。看護の仕事につきながら自分の体には無頓着で、糖尿病の値や内臓脂肪、血圧も異常値に近く、生活習慣病の一歩手前の状態でした。

レッスンでも思うように動けず、先生の動きとみなさんの熱気に圧倒されて、「場違いなところに来てしまった…」と思ったことも。樫木先生は、体の大きな私にきめ細やかな指導をしてくださり、「人と比べずに自分と向き合うこと。体づくりの答えは簡単なところにあるけれど深い、だから自分自身と向き合って感じ続けなければ真の解決はない」と先生が話された言葉の意味を感じながら続けました。

樫木's Voice

この8年間で27kgもやせたのに、実は私も周りも気づかなかったのです。それだけ徐々にいつの間にか変化していたという理想的な形でした。急激な過酷で無理のあるダイエットではなく自分の体と真摯に向き合いながら歩んできたからだと思います。人生を180度変えられた軌跡はまさに誇りです。

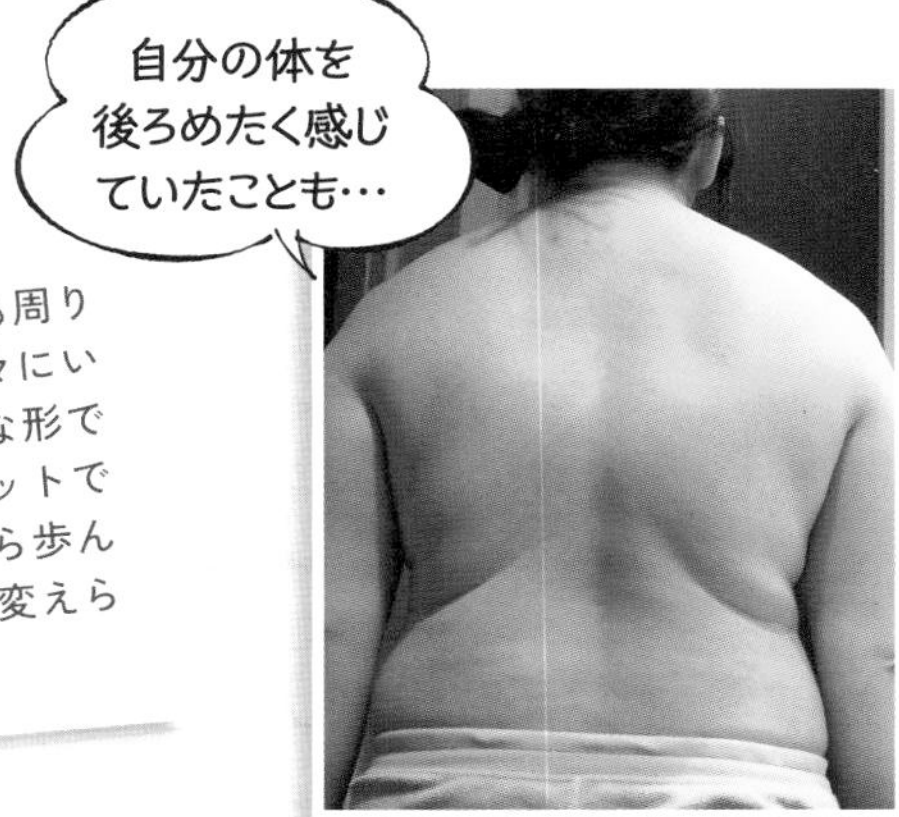

通い始めて2か月後。夜勤明けで体中が重だるく、動けない状態でレッスンに臨んだときのこと。先生の誘導で動くと段々と体が動きやすくなり「よくなってきた」とほめていただき、号泣したことがあります。体の中で一番嫌いだった首の後ろの突起と、亀の甲羅のような私の背中も、「この背中は職業柄、看護師さんの仕事によるものだよ…」と言って、優しくさすってくださいました。

「動くと体がラクになる」という先生の言葉をレッスンを通して体で感じることができたと同時に、先生の温かなお人柄に触れて、「できることから始めてみよう」と前向きに自分と向き合えるようになりました。

それからは、苦手なアップテンポな曲で動くレッスンにも参加し、できなくてもリズムがずれても、楽しい！　気持ちよい！　の連続です。以前は下腹部力もなく、脚を持ち上げるだけで息切れしていましたが、いつの間にか息切れなく動けるようになり、足先にも手が届くように。先生のレッスンは、そのときだけ爽快感を得るトレーニングとはまったく違います。体に意識を向けて丁寧に動かし、護りながら不調を改善するもので、足首やひざなど関節に違和感があってもすぐに治るので、医療や看護に近い教えだと感じます。

8年で私の体重は27kg減り、服のサイズは7～9号に。血圧などの数値も改善し、１００%以上の達成感で違う人生を歩んでいる気持ちです。先生には本当に感謝しています！

REPORT 03

Aiさん(67歳・公館職員)

樫木式に出合って大病を克服 人生が大きく変わりました!!

とても元気に
旅行や温泉も
楽しんでいます

樫木メソッドに
出合い心に余裕
が生まれました

私は2度も乳がんを告知され、手術を受けた〝がんサバイバー〟です。2度目の告知を受けたのは、スタジオCに通い始めて2年が経ち、元気に62歳の誕生日を迎えた数日後のことです。

12年前に告知されたがんとは違う、タチの悪い乳がんで、できれば避けたかった「抗がん剤治療」をしぶしぶ受けることになりました。もちろんショックでしたが、落ち着いて受け止めることができたのは、心の拠り所であるスタジオCの存在が大きかったです。

会員制ではないスポーツ施設を探していた60歳のとき、偶然目に留まったスタジオCに通い始めました。

レッスンを受け始めると、若いころからの慢性的な肩こり・腰痛や、ときどき現れる背中やひざの強い痛みが解

樫木's Voice

今となっては本当に大病を患った人!?　と私も本人も周りの人も感じています。いやむしろ病気していない人たちよりアクティブです。闘病中も術後も私たちに見せてくれた姿から驚きと勇気とパワーをもらい、自分たちに何かあったときはAiちゃんの姿を手本にしていきたいです。

消。年々、疲れやすくなっていた体が疲れにくくなり、寝起きの朝も体が軋まず、冬の寒い時期でもスッと起き上がってスムーズに動けるように。いつの間にか心も体も軽くなり、1年もしないうちに、樫木式のレッスンは私の人生に欠かせないものになりました。

　主治医とも相談し、抗がん剤治療中も体調を見ながらレッスンを続けたところ、吐き気や発熱などの重い副作用は出現せず、体力の衰えを感じることなく4度の抗がん剤投与が終了。その後の術前検査で、なんとがんは消失していました。ただし画像診断で消えたように見えても、実は残っていることもあるため、手術を受けて、術後の確定診断で「完全奏効」という安心の結果をいただきました。

　なによりうれしく我ながら驚いたのは、術後の体の状態です。麻酔がきれて目覚めたときも大した痛みはなく、余裕の笑顔で応じた私に主治医もびっくり。術後も樫木先生のご指導を思い出し、適切な運動を無理なく楽しみ、術後4日で元気に退院することができました。そして術後8日目には自信満々で職場復帰。12年前の職場復帰が、不安を抱えながらの術後3週間余りであったのとは大きな違いです。

　還暦の年から樫木式メソッドを始めた私でも、体の痛みが消え、機能が向上したことで人生が大きく変わりました。闘病中も全力でバックアップしてくれた樫木先生ですが、大病を経験しなかったとしても、先生が大恩人であることに変わりはありません。

REPORT 04

宮部亜紀子さん(38歳・パート)

体の内側に効かせる樫木式は積み重ねた先の変化が絶大です

AFTER

やせただけでなく
人生の中で一番
体がいい状態です

BEFORE

スタジオに
通い出す
直前

体重が
プラス4kg
の頃

樫木's Voice

体づくりを教える立場になると素直に受け止められない方々が多い中で要らぬプライドを捨てて素直に心と体で受けとめ、もう一度新しいスタートを切るためにいったん築いたものを置いて今現在研究を重ね未来につなげようとすることは、できるようでできないことです。体だけでなく、動く雰囲気一つ一つが変化しています。そんな彼女にまた体に携わるお仕事をしていただきたいです。

初めて樫木先生のレッスンを受けた2021年2月当時、私はヨガの講師としてスタジオで教えていました。

さまざまな年代の方の体を見ていくうちに、体のクセや運動歴などが原因で、体を痛めているケースがあると感じました。もっと体について学び、広い視野を持ちたいと思っていたとき、先生のSNSを偶然目にし、直観的に「会ってレッスンを受けてみたい！」と思ったのです。以来、体について細かく学べる樫木式メソッドの基礎クラスをメインに、月に2〜4回のペースで通っています。

樫木式の最大の特徴は、体の内側に効かせるところ。そのぶん、積み重ねた先の変化が大きく、体重は約4kg減り、バストトップは変わらぬまま、アンダーバストが細くなりました。

体はとても繊細にできていることも改めて感じ、日々の生活の中でも体を丁寧に扱うことで、生活自体が丁寧になり、気持ちの余裕も生まれた気がします。食事中や移動中、掃除をしているときも、姿勢に気を付けるようになり、最近知り合った方々からは、「姿勢がいいね、何をしているの？」と聞かれることが多くなりました。

私の体の状態は、樫木式のおかげで、38歳の今が人生で一番いいです。体のことを深く知りたくて通い始めましたが、知りたいことはまだたくさんあります。樫木式によって自分の人生が変わったように、私も痛みのない健やかな体の使い方を人に伝えられるようになりたいと思っています。

REPORT 05

はやみけいこさん(49歳・主婦)

体力がついて疲れにくくなり、生活の質が上がりました

体調が安定して疲れにくくなりました！
これからも体づくりを楽しもうね

50歳を前に、「なんとなく不調」な時期が明け、この先ずっと元気に動ける体をつくりたいと思い、樫木先生のレッスンを受け始めました。

12年前にギックリ腰になって以来、腰に違和感が残り、長時間の移動がつらく、また、帰省や旅行で寝具が変わると、体のこわばりを感じることがよくあるのも悩みでした。

月3～5回のレッスンを続けて1年。体力がついて以前より疲れにくく、体も軽くなったので、電車の座席取りに血眼にならずに済み（笑）、駅でもエスカレーターではなく、階段を使うようになりました。寝つきもよくなり、夜12時前には眠くなって、朝も自然に目覚めます。体調が安定しているからか、日々、機嫌よく過ごせています。

樫木's Voice

健康で元気になりたくて始めたことが結果に残らないと継続する気持ちは失せてしまうものです。日常生活でトレーニングの効果を感じて涙目になりながら話してくれたときは本当にうれしかった。実生活の質を上げていくことがトレーニングをする意味でもあると思います。最近どんどんきれいになられている。これからがますます楽しみです。

体重も、以前はつい食べすぎが続き、5、6kg増えては必死に戻すことの繰り返しでしたが、今はレッスンでむくみに気づいて、体重が大幅に増える前に早めにケアし、いい状態が保てるようになりました。

なにより驚いたのは、レッスンを始めてもうすぐ1年という時期に、実家に帰省し、家事や片づけ、大掃除を手伝った際、疲れを翌日に持ち越すことなく、いつもの倍以上の仕事量をこなせたことです。これまでの私なら、毎日疲れきって体中が痛くなっていたのに、痛みもなく元気に動けたことが夢のようで、体の変化をはっきりと感じ、先生に向かって手を合わせました。

今まで経験してきたほかのトレーニングでも、体の柔軟性が増したり、レッスンに慣れて上手に動けるようになったことはありますが、実生活の質までは変わりませんでした。

一方、樫木先生のレッスンは、1年経った今も「慣れた」と思ったことは一度もなく、毎回のレッスンについていくのが大変なほどです。けれど、樫木式のエクササイズは、日常の動作に直結しているので、体の土台となる肝心な部分がじわじわと着実に鍛えられ、これほど素晴らしい変化が起きたのだと思います。

今の私は、あきらめていた腰の違和感とこわばりの解消に期待が持てたので、今後は、次なる目標に向かって楽しみながらレッスンを続けていきたいです。

樫木式 健康習慣①

〝朝からしっかり食べて元気をチャージ!〟

幼い頃から食いしん坊の私は、ダイエットをした記憶があまりなく、**食べすぎたときは〝ちょっとの我慢〟**をしています。60年間生きてきて、〝これを食べると体がどうなるか〟など、自分の体の声に耳を傾け、自己分析もしています。

しかし、好きなものが私の体には合わないとわかっていても食べてしまう。トレーナーとしては失格だなぁと思いながらも、それだけはなかなか変えることができません。

私はプロテインやサプリではなく、食事から栄養を摂りたい派。食事の傾向は年齢と共に変化していますが、朝しっかり食べるというのは今も昔も変わりません。

以前、女優の浅田美代子さんから、

「番組でお話を聞いた長寿の方々は、みなさんお肉を食べているのよね」と聞いたことがありますが、私も朝からお肉を食べるとパワー切れしない、と実感しています。

また、美術家の福王寺朱美さんから、

「野菜なら何でもいいんだけど、5種類の野菜を味付けせずに30分煮込んでそのスープを飲むといいのよ」と教わって以来、**5種類の野菜スープを毎朝必ず食事の最初に飲んでいます。**以前は「野菜はおかずじゃない」と思っていましたが、今では野菜がおいしくておいしくて!野菜も私にとって立派な「おかず」になりました。食は運動、睡眠とともに健康づくりに大切な要素ですよね。朝しっかり食べることが、毎日のパワーにつながっています。

朝からお肉も！パワー切れしません

樫木式 健康習慣②

〝いつでもどこでもながらケアで即ボディメンテナンス〟

愛用アイテム

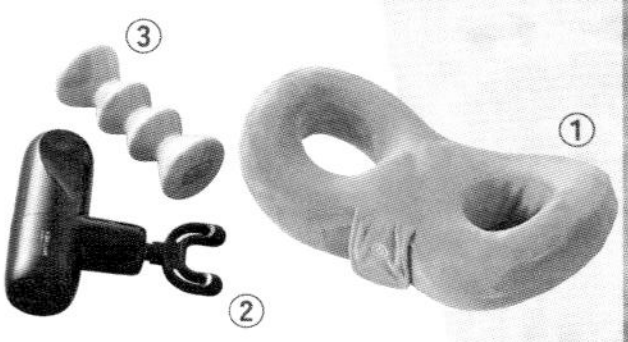

①私が監修した振動式クッション「くびれメイククッション」
②パワフル振動で筋肉を深く刺激する「MYTREX REBIVE」
③オリジナルロゴ入りの「ぐりぐりウッド」足裏ツボ押し棒は、体をしっかりほぐすための必需品

私の体は、幼い頃から硬いほうで、小柄で、いわゆる〝条件のいい体〟ではありません。不器用な体です。手足も小さくて、足の小指なんて、自分でペディキュアを塗れないくらい。

だから私はお風呂の中でも、「よくここまで頑張ってきたなぁ、私の体」と労わって、毎日足指ケアをしています。

自分で気づき、自分で癒やす

寝る前などいつでも、ちょっとの空き時間に樫木式ストレッチをするのはもちろんですが、「マンゴーリング（P119参照）」などのグッズの力も借りながら小まめに疲れをほぐしています。

セルフケアが習慣になると、「今日は体のここがケアを欲しているな」と自分でわかるようになり、ちゃんとケアしたぶんだけ翌朝の体がスッキリします。

その実感は年齢を重ねるほどに強まり、翌日の快適さを知っているから、私は日々のケアが欠かせないんです。

体のどこに疲れがたまっているかということに自分で気づき、ケアして改善できるようになると自信がついて、足腰や肩が痛くなったりしても焦らず、自分の体と向き合え自力で癒やせるようになります。

"冷えは厳禁！血巡りをよくして免疫力も強化"

若い頃は、薄着にミニスカート、素足にサンダルで出かけたり、冷房の効いた部屋に長居をしても平気でしたが、年齢を重ねるにつれて、冷えの恐ろしさを身に染みて感じるようになりました。

体が冷えると、血流が悪くなり、体がだるくなったり、夜、足がつりやすくなります。足だけではありません。体はつながっているので、不調は首、肩の凝りなど上半身にも及びます。

冷えによる不調を防ぐには、体を動かして血流を促し、滞ったところをセルフケアで刺激しながら循環させることが大事です。それと同時に冷やさない努力も大切です。特に、頭を支える首や、体の重みを支え疲労がたまりがちな足首を冷やさないように気をつけています。私は首や肩が少しでも冷えたと感じたら、「ON CURE」で温めたり、「IONDOCTOR」の足首ウォーマーをつけています。

冷やさないでいるときと冷えた後では、便通や生理痛などあらゆるところに差が出ると感じられます。これも不器用な体だったからこそ気付けたのかもしれません。

愛用アイテム

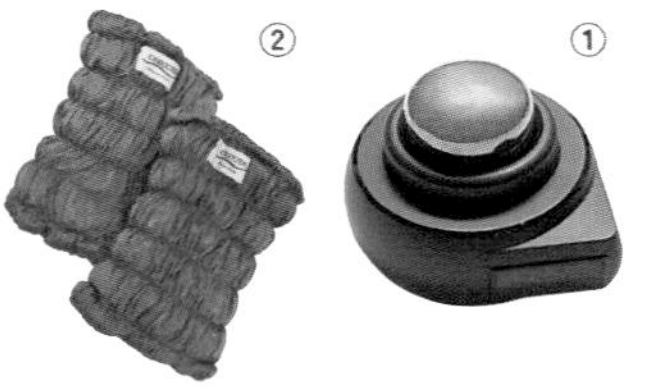

①筋肉の奥まで熱を届ける温灸器「MYTREX ON CURE」
②足首をじんわりと優しく温める「IONDOCTOR 足首ウォーマー」

女性の体は「冷えはNO」
体を労り温めよう

〝食べたらすぐ磨く！口腔ケアは健康の基本です〟

よくみなさんに、「すぐに歯を磨くね！」と言われます。

亡き父が歯医者だったこともあってか、食べたり、水以外のものを飲んだ後はすぐに歯を磨くのも習慣になっています。

といっても、毎回しっかり磨くわけではなく、ササッと軽く、うがいのような感覚で磨くので、1日の中で歯磨きの回数は人より多いと思います。歯医者さんでの歯のクリーニングは2～3か月に1度は行い、チェックを欠かしません。

歯も体のあらゆる根っこと一緒で、歯の根に軽く刺激を与えると、気分も爽快になります。

そして気圧で頭が重かったりするときは、顔の上から奥歯の歯ぐきあたりを指で軽くマッサージするとスッキリするんです。

低気圧が近づいたり、気圧の変化で頭痛などの体調不良を感じる人はやってみてください。手脚の根っこだけでなく、〝歯の根っこ〟も大切です。

歯の根っこを
刺激すると
スッキリします♪

Kashiki style health habits

樫木式 健康習慣⑤

“体にもON・OFFが必要です”

体はゆるめて
休ませることも大事

私はトレーナーとして人前に出るときは自然と正しい姿勢を保っていますが、常に姿勢をよくしているわけではありません。

時には椅子にだらりと座ることもあれば、脚を軽く組んでリラックスすることもあります。

ただ、脚が内旋することはありません。ずっと同じ姿勢をしていると体は逆に固まってしまいますし、映画を見るときも、ご飯を食べるときも骨盤を立てて、常にピン！と背すじを伸ばしていたら、なんだか疲れちゃいますよね。体には、ゆるめたり伸ばしたりして休めてあげることも必要なんです。

大切なのは、ずっとシャキッとし続けることではなく、**必要な時に自然とスイッチが入る体づくり**をすることです。

休憩中や、みなさんとおしゃべりをするときは骨盤を寝かせてゆるっとしていても、「さぁ、始めるよ」となったら、スッと自然に姿勢を元に戻せる。

そんなふうにON・OFFを自分でコントロールできる、**〝いつでも動く準備ができる体〟**をつくりたいです。

PART3

体の引き上げ筋とインナーを強化する

ペットボトル筋トレ

ペットボトルの重さを利用して行う
樫木流の筋トレです。
片脚立ちになったり、脚をクロスしたりと、
不安定なポーズをとりながら行いますが、
体が傾いたり、重心がぶれたりしないように
意識しながらトライ！

樫木式 筋トレの特徴5

500gで筋トレになるの？　と思う人もいるかもしれませんが、ただの重りとして使うわけではないのが樫木式。その特徴と体への効果を解説します。

特徴1 ペットボトルの重さで肩甲骨を下げられてお腹の引き上げ筋に負荷をかける

ウエイト（ペットボトル）の重さを利用して肩甲骨を下げます。重りを腕で持っていてもお腹の引き上げ筋を使ってキープし、体のインナーに負荷をかけていきます。500g が重く感じられるでしょう。

ウエイトは
軽く
握ってね

500gの
ウエイトでも
ＯＫ

特徴2 ペットボトルが縮こまった関節と筋肉を自然にストレッチ

500ml のペットボトルを持つことでよりストレッチ効果が上がります。重さ自体は 500g と軽いですが「軸トレ」同様動作をじっくり丁寧に行うことで自分の体の重みと 500g の重みを上手に利用して体に効かせていきます。

特徴3 肩が下がることで引き上げ呼吸をしやすくなる

ペットボトルの重みで肩や肩甲骨が下げられるので、胸が上がりやすくならずにお腹から「引き上げ呼吸」がしやすくなります。

ペットボトルの
重さで
肩を下げる

しっかり
片脚に重心を
乗せます

特徴4 片脚に乗る動きで「軸」を目覚めさせる

筋トレプログラムでは片足に乗る動きが多く取り入れられています。年齢を重ねると片足に乗りづらくなりますが、あえて苦手な動きをすることで、軸に乗る感覚を体に覚えさせます。

特徴5 関節の力みを抜きながら軸を取り、インナーの力にスイッチが入る

ひざを軽くバウンス（上下動）させたりする動きなどにより関節をゆるめることで不要な力みが抜けて「軸」に立ちやすくなります。

全身を軽くゆるませながら引き上げ力を養う

トランポリンランニング

リズミカルに体重移動するエクササイズ。ひざは「曲げる」のではなくやわらかく「ゆるめる」ことを意識して行いましょう。

1 足は肩幅に開き、体でリズムをとりながら、ひざをバウンス（ゆるめて、伸ばす）します。バウンスしながら右足に重心を乗せます。
※ペットボトルを軽く持つことで肩が下がります。

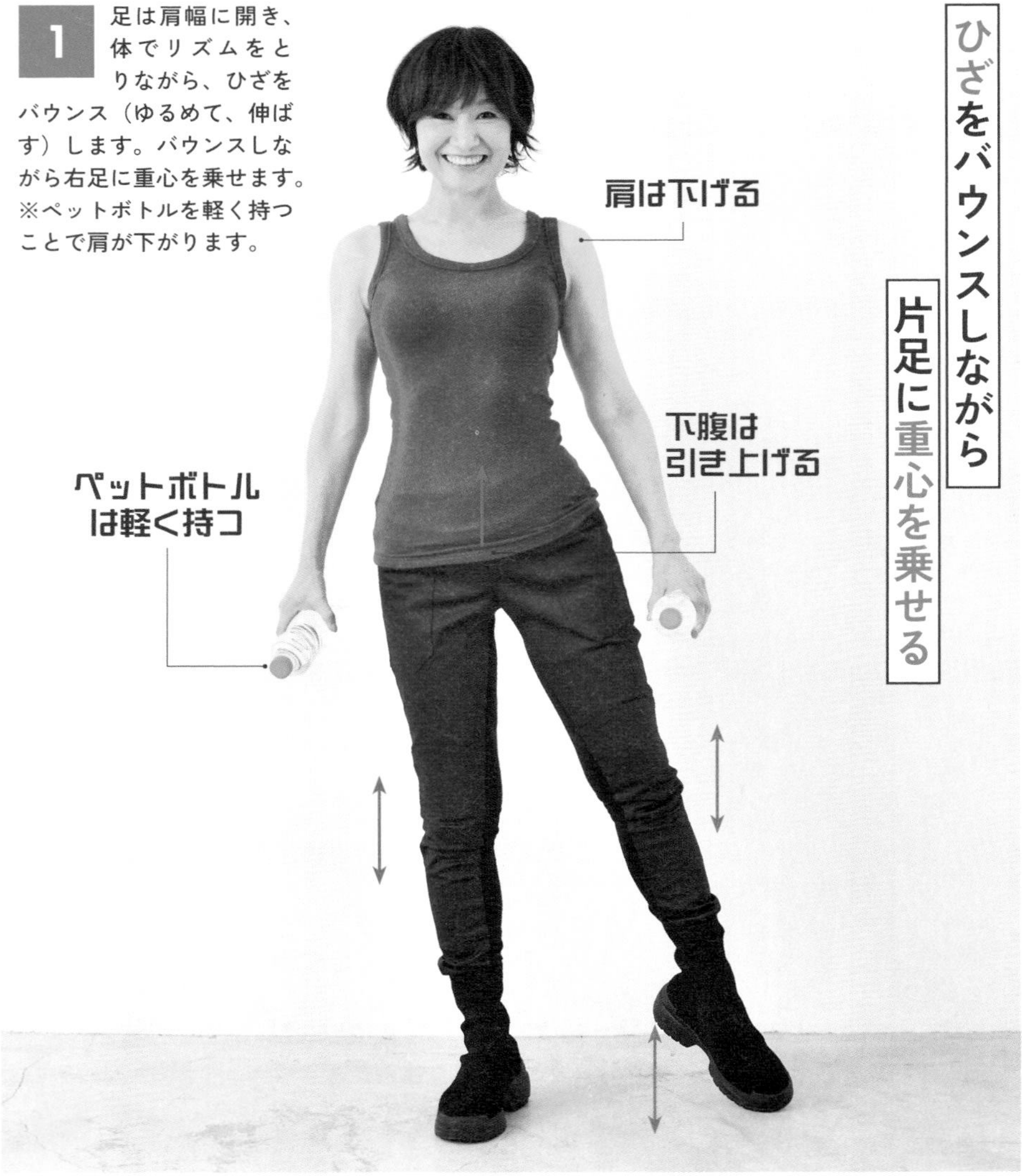
ひざをバウンスしながら
片足に重心を乗せる
肩は下げる
下腹は引き上げる
ペットボトルは軽く持つ

NG

\ギュー/
\ギュー/
ペットボトルをギュッと握っている

POINT

上体が前や後ろに倒れないように、「背の高さをキープする」イメージで行って。足を動かす動作は、外側に出すときだけではなく、戻すときこそ内ももを意識して。

軸足の反対をリズミカルに動かし 同時にひじを軽く振る

2 左足をトントンとリズミカルに左右に動かし、同時にひじを、ランニングをするときのように軽く振ります。バウンスをしながら反対側に体重移動し、同様に行いましょう。

頭の高さは変えない
脇を意識してひじを動かす
ひざはゆるめる
\トン/
\トン/

\外/
\内/

脚の重みで**お腹のインナーを刺激**

階段サークル

階段を上るように脚を動かします。脚の力で太ももを上げるのではなく、むしろ脚の力を抜くことでお腹が鍛えられます。

1 足は肩幅に開き、ひざを軽くゆるめて右足に重心を乗せます。お腹の意識を持って、左脚を持ち上げ、下ろします。丁寧に数回繰り返しましょう。

上体は安定させる
つま先で床をタッチ
お腹の意識を持って
足を上下する

NG

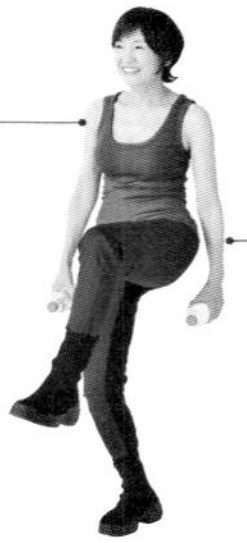
上体が落ちたまま脚を上げている
骨盤が後傾し肩が前に出ている

POINT

足を開いたときに、軸足が引っ張られないように意識することが重要。また、骨盤の向きは常に正面です。

軸足をキープしたまま、左ひざを開く

2 左脚を持ち上げた状態から、ひざを外に開きます。上体を引き上げながら脚を下ろします。反対側も同様に。

股関節から開く
軸に乗る

ARRANGE

＼肩は下げる／

2の最後の状態から、脚の付け根を引いて同時にひざを曲げて腰を落とします。ペットボトルの重みに肩が取られないように注意して。

肩甲骨が活性化され、**肩こりもすっきり**

陸ボート漕ぎ

ボートのオールで水をかくような動きが特徴。おもりと空気の負荷を上手に使いながら、脇や肩甲骨周辺を刺激していきます。

片足を引き
ひざをゆるめる
肩は下げ
上体は引き上げる

1 足は肩幅に開きます。左足を1歩後ろに踏み込み、アキレス腱を伸ばしながらひざを軽くゆるめます。

ボートをこぐように
ひじを引いてから前に出す
肩甲骨を意識

ひざは軽く曲げる

2 ペットボトルの重みを脇に感じながら、ボートを漕ぐように、ひじを引いてから前に出し、戻す動きを丁寧に数回繰り返します。

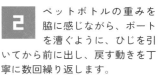

NG 上体を上にキープできず脚の付け根が前に出る

前ももやひざに負荷がかかっている

POINT

ひじを引いたときにおもりに体が取られないように。股関節からのひざ、つま先は常に同じ方向に向けます。

3 手を返して、ひじとひじを引き合います。そこから数回、ペットボトルの重みを脇に感じて両腕を上げ下げします。重心を右足に乗せて左足を戻し、反対側も同様に行います。

引っ張り合いを意識して**軸を強化**

人間コンパス

コンパスを回すように、半円を描きます。針を固定しないとキレイな円が描けないように、軸となる脚や骨盤がぶれないようにトライ！

1 足は肩幅に開き、ひざをゆるめて右足に重心を乗せます。

脇はつぶさない
ひざをゆるめて
軸足に体重を乗せる

軸足に乗りながら足をクロスする

NG

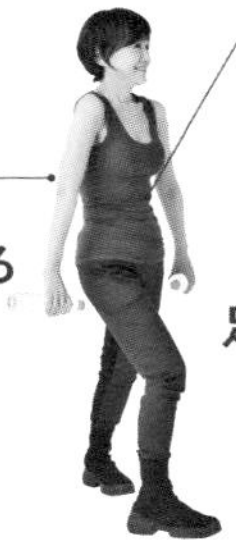
みぞおちが落ちて肩が前に出てしまう
重心が後ろに倒れる
足が内旋する

POINT

骨盤の両端、左右の肩をしっかり引き合う意識を持つことが最重要。後ろに引いた足は内旋しやすいので、お腹を引き上げて軸をつくりましょう。

2 コンパスを回すように、左足で半円を描きながら後ろに回します。再び右足に重心を乗せ、足を戻します。数回繰り返し、反対側も同様に。

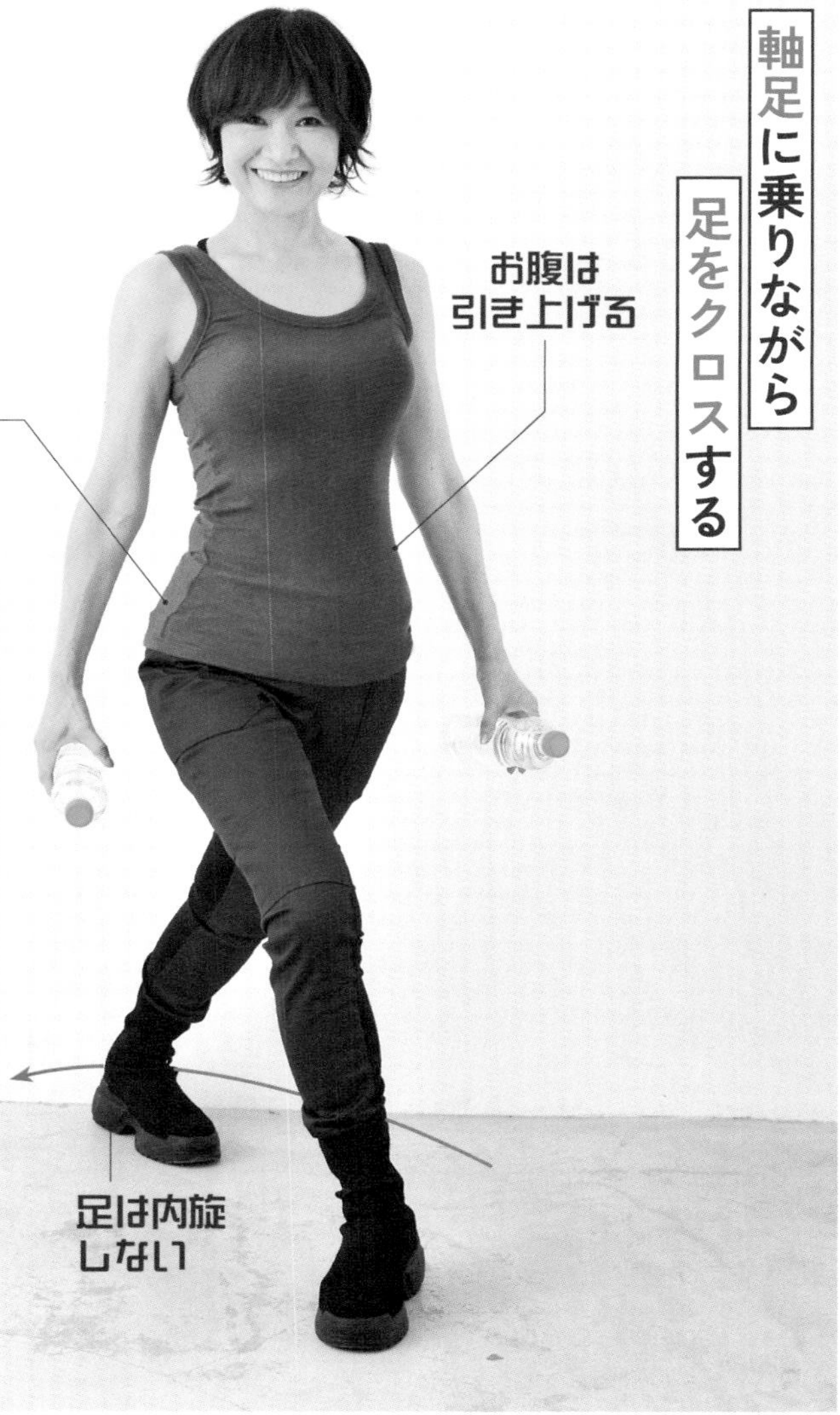
お腹は引き上げる
骨盤は正面
足は内旋しない

ARRANGE

2 の状態から、お腹の意識を持ち、ひじを固定しながらペットボトルを上下。手先ではなく脇を使って動かします。

\ お腹は引き上げる /

二の腕をギュッと絞り上げる

クロスアームツイスト

普段の動作では効かせにくい二の腕を刺激。手首先行ではなく、脇の付け根から動かすイメージを持つことが効かせるコツです。

1 足は肩幅に開き、左足に重心を乗せて、右足を斜め後ろに引きます。さらにひざを曲げながら上体を倒し、腕を内側に回してひねります。数回繰り返して。上体を倒したときこそお腹が落ちないように。

脇の付け根からひねる
かかとは上げる
脚をクロスして
腕を脇から回してひねる

NG

脚が内旋して内ももが使えていない
重心が後ろに倒れてかかとが上がらない

POINT

重心が前後に傾きやすいポーズなので、軸を保てない人はクロスしなくてもOK。ひじを曲げ伸ばしするときは、曲げるより伸ばす方が重要。二の腕を意識しながら動かしましょう。

2 1で腕をひねった状態からひじを曲げて伸ばします。脇と二の腕でペットボトルの重みを感じながら、空気を押し出すように伸ばしましょう。反対側も同様に。

脇と二の腕に重みを感じながらひじの曲げ伸ばし

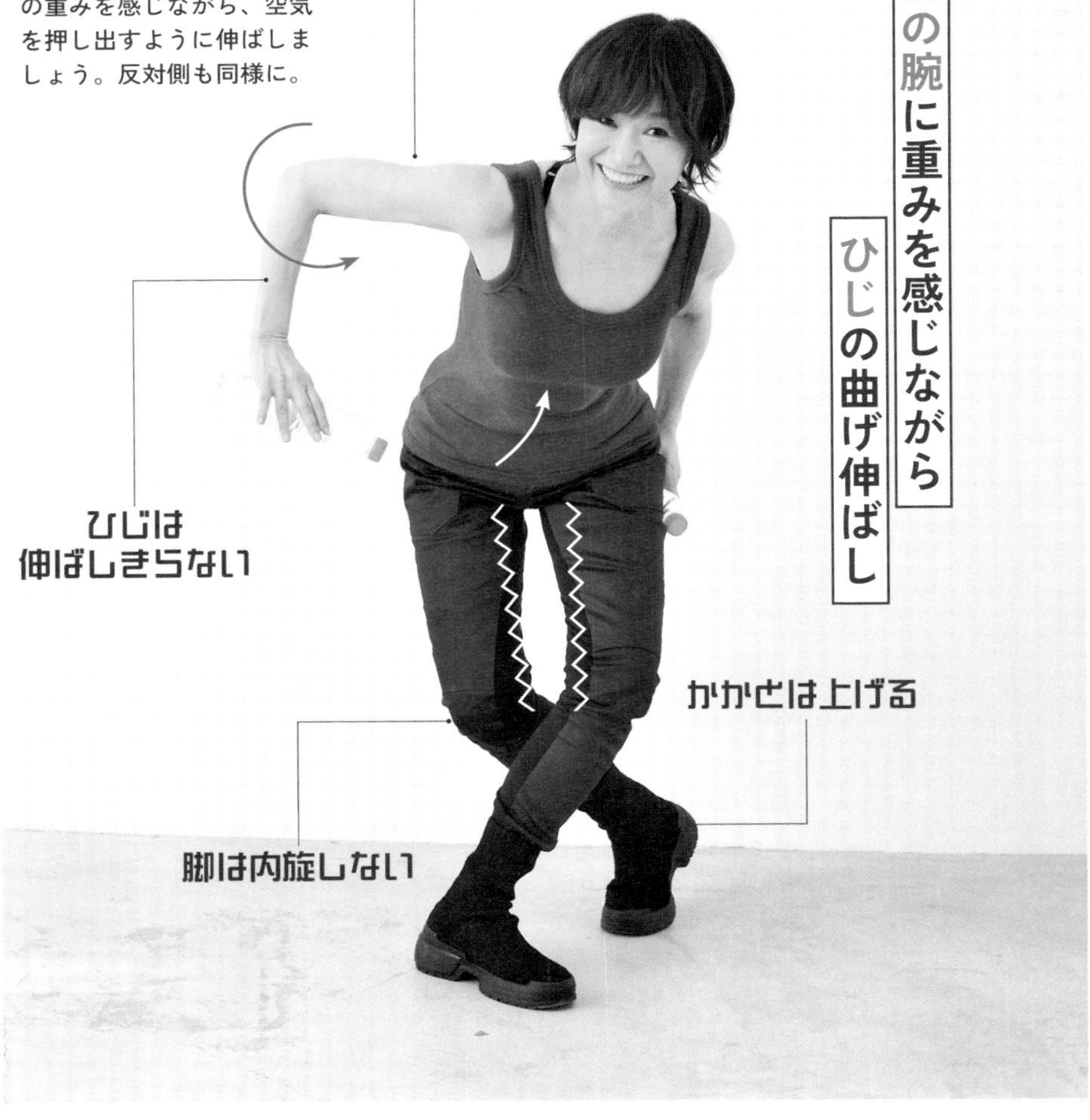
ひじを固定して動かす
ひじは伸ばしきらない
かかとは上げる
脚は内旋しない

私のボディメイクのあゆみ

ダンスをやっていなかったら、ケガをしていなかったら、今の自分はない

幼い頃の私は、運動は大好きですが、体は本当に硬くて前屈も苦手でした。小学生の頃、念願かなって通い始めたクラシックバレエ教室では、できなさすぎる私を冷ややかに見る先生の目と、そんな自分にどんどん気後れして、鏡に映る自分を見るのも恥ずかしかったのを今も鮮明に覚えています。そしてすぐに辞めてしまいました。

そんな私がプロダンサーを目指そうと思ったきっかけは、短大時代に通ったディスコでした。リズムに乗って踊る楽しさに目覚めたのです。特に、ソウルミュージックの後ノリ（あえてタイミングを少し遅らせてリズムを刻むようなムーヴ）がとても体に心地よく、この経験が「体の粘る動きの大切さ」や「インナーマッスルへの意識」など、現在のボディメイクの基礎にもつながっています。卒業後は2度にわたり、ロンドンでダンスを学びました。

私がロンドンから帰国したころの日本は、ダンスだけで生計を立てるのは難しい時代。帰国したもののダンスの仕事を見つけるのも厳しく、当時全盛だったエアロビクスのインストラクターの資格を取得して、フィットネスインストラクターとして各所で指導を始めました。

当時のエアロビは、直線的に動くのがメイン。ダンス気質な私は、それだけでは物足りず、エアロビの動きにダンスをシンクロさせた内容を独自にアレンジして指導をしていました。そんな一風変わった私のレッスンを追いかけて受けに来てくれる方々も多かったです。

今でこそダンスエアロのようなフィットネスもありますが、当時のエアロ業界では直線的な動きの中に曲線的な動きを混ぜることはよしとされておらず、人気レッスンであったにもかかわらず、技能検定での私の評価は低いものでした。

曲線的に動く気持ちよさを認めてもらえなかったことの悔しさと、既存のエアロを続けるうちに体に粘りを感じにくく、踊りづらくなっている自分に気づき、「このままでは、体をしなやかに動かせなくなるのでは？」という焦りを感じて、フィットネスの世界をやめてダンス１本に集中することにしました。そして「Ｒｅｇｉｎａ」という女性ダンスユニットを結成させたのです。

自分がケガをした経験がリハビリの技術につながった

Ｒｅｇｉｎａは、変幻自在のダンスでイベント業界を席捲し、ときには1日に10ステージをこなすこともありました。とても充実した日々でしたが、このＲｅｇｉｎａ時代にひざの故障に悩まされたことが、のちのトレーナーとしての自分の在り方を方向付けるひとつの転機になりました。

小柄な私は、より底の高い靴を履き、舞台で映える力強いダンスを踊っていましたが、ひざにはかなりの負担をかけていたのでしょう。思えばエアロビクスのインストラクター時代も、私はアドバンスクラスを担当することが多く、激しい動きでどんどん移り変わるハイインパクトなエアロビクスでひざやその他の関節も酷使していました。けれど、酷使された関節はすぐには痛みを知らせず、少しずつ疲労を蓄積させて、ある日突然悲鳴を上げました。

35歳のある日、私のひざは突然、2倍に見えるほどに腫れあがりました。整形外科を受診した結果、ひざに水がたまっていることがわかり、それを注射器で抜けば楽になるけれど、また少しでも負担をかけると水がたまるというのを繰り返すようになりました。

病院以外にも、針治療や電気治療、マッサージなど、さまざまな治療院に通いましたが、いずれも施術によって一時的にラクになるだけで真の解決には至りませんでした。

ステージを休まず、ぱんぱんに腫れたひざの水を病院で抜くことを続けていましたが、ある日アスリートなどを診療している医師を紹介してもらい、診てもらったところ「あなたのひざはずいぶん酷使されて、年齢よりかなりダメージがある。もう十分踊ったんだから、これ以上踊らなくてもいいんじゃないの？」と言われてしまったのです。

私にとって35歳は〝まだまだこれから〟という時期。ショックのあまり泣きながら病院から帰ったのを覚えています。

それでも踊ることをあきらめきれなかった私は、治療という形をとらず、自分のひざを自分で動いて治すことに専念しました。自分の体に真正面から向き合うと、自分の体の弱いところやクセがわかり、いつの間にか脳で勘違いしていた体の使い方もクリアになっていきました。

そして、自分の体が「イタ気持ちいい」と感じることを目安に動かしていった結果、勧められていたひざの手術をしなくても自分で治すことができたのです。しかもけがをする前より強いひざになり、それ以降、私のひざには一度も水がたまったことはありません。

ケガをしたのはこのときだけでなく、肩を壊したり、アクシデントで股関節に深刻なダ

Regina時代。

ひざにテーピングを巻いて舞台に。

エアロビクス指導の一方で、ダンサーとしても活動。体を酷使しながら踊り、ひざにテーピングを巻いたまま舞台に上がったことも。女性ダンスユニット「Regina」ではリーダーを務めた。

エアロビクス養成時代。

メージを受けたりもしましたが、いずれも自分で体と向き合い動かしながら治していきました。なぜ治せたかを簡単に言葉にするなら、ダンサー時代に培った、体を引き上げる意識や、ばねのようにしなやかに関節を動かす曲線的な動きこそが、実はリハビリに効果を発揮するとても重要な要素だったということです。

以前、トレーナーとして働きながら、病院の整形外科で指導にあたる機会がありました。体がガチガチに固まり、痛みを怖がる患者さんや、動作の不自由を訴えるお年寄りの方々など、十人十色の人の体を観察し、指導するうちに、「体の動かし方（正しい方向や導線）こそが大切だ」と確信しました。人の体は骨格も筋肉も、部位の柔軟性もそれぞれ違うのだから、人の体を改善したり、痛みなく動かしていくには、型にハマったトレーニングではダメだと改めて思うようになりました。

自分がケガや痛みを克服した過程は、私にとって最高の財産です。体にトラブルを抱えたクライアントさんが、痛みを感じないトレーニング方法で、いつの間にか痛みやケガを克服し、むしろケガをする前より強くなる。その方法は、決して教科書通りではありません。だから私は体の感覚を一番に大事にしています。

カーヴィーのＤＶＤで演じたのは不器用な私にとっての「理想の先生」

私が体幹を意識することや、関節のリズム、体全体を連動することの大切さを伝え、多くの結果を出しても、業界に受け入れてもらえない状況は続いていました。私のメソッドは「トレーニングじゃなくてダンス」と、型にはめてとらえられることがほとんどで、悔しい思いもたくさんしました。

そんな中、私のカーヴィーメソッドがメディアに取り上げられたことから、状況は徐々に変化していきました。雑誌『ＦＹＴＴＥ』が、私の実践動画を収めたＤＶＤを付録につけて特集を組むと、その号が完売。読者投票でもありがたいことにたくさんの支持をいただき、ＤＶＤ付きの初めてのムック（『ＤＶＤ付き 樫木式カーヴィーダンスで即やせる！』を発売することになったのです。

ＤＶＤの制作にあたり、私が心がけたのは、運動が苦手な人にも伝わるわかりやすい表現と、楽しみながらできるレッスンです。なぜなら、かつて私自身がレッスンについていけずに気後れした過去があり、できない人の気持ちが痛いほどわかるから。

私の修業時代は、どんなに初級のクラスでもうまい人に焦点を合わせたレッスンが多く、不器用で飲み込みが遅い私はついていくのがたいへんでした。今のように親切な動画で教えてくれるＹｏｕＴｕｂｅも存在せず、まごつきながら心はスタジオの隅に追いやられるのが常でした。

そんな当時の自分に立ち返り、「もしも、こんなふうに優しくて、親切に教えてくれる

47歳で『樫木式カーヴィーダンスで即やせる！』を出版したのを皮切りに、著書を多数輩出。現在では累計500万部超えに。日々のトレーニング指導に加え、全国各地のイベントや雑誌、テレビ出演などで多忙な毎日を送っていた。

先生がいたら、あんなに気後れすることもなかったな…」と思って「優しい先生」を演じたのが動画の中の私です（笑）。

「カーヴィーダンス」は累計460万部を突破する大ヒットに。たくさんの方々に私のメソッドを知っていただくきっかけにもなり、心配ばかりかけてきた両親へも、ようやく親孝行ができたと感じました。

私のボディメイク人生は、体が硬く不器用だった幼い頃の小さな挫折から始まり、ディスコでリズムを刻んで踊る気持ちよさや、海外で培ったダンスの基礎、フィットネスの直線的な動きを知らなければ今の自分はなかったと思います。また、ケガを克服したことや、整形外科でリハビリのお手伝いをさせてもらったこと、そしてこれまでたくさんの方々の体を診てきたこと、結果を出せたことすべてが、今の私を形作るうえで必要不可欠な経験だったのだと思います。

PART4

体をほぐして疲れを明日に残さない

樫木式
セルフケア

樫木自身も大事にしているのが、

毎日のセルフケア。

普段は意識しない足先から、呼吸にかかわる

胸まわりまでしっかりほぐして整えれば、

体がすっきりするはず。

ぜひ、日々の習慣にしましょう。

スイスイ歩ける脚を育てる

足指ほぐし

普段は靴の中で縮こまっている足指を刺激して、一本一本存在感を出してあげましょう。お風呂の中で温まりながら行うのもオススメ。

1 両手で足を包み込むようにして持ちます。右手で足の親指、左手で人さし指をつまみ、足指の付け根を刺激しながら、指と指の間を広げたり上下に動かしたりします。すべての指を同様に行います。

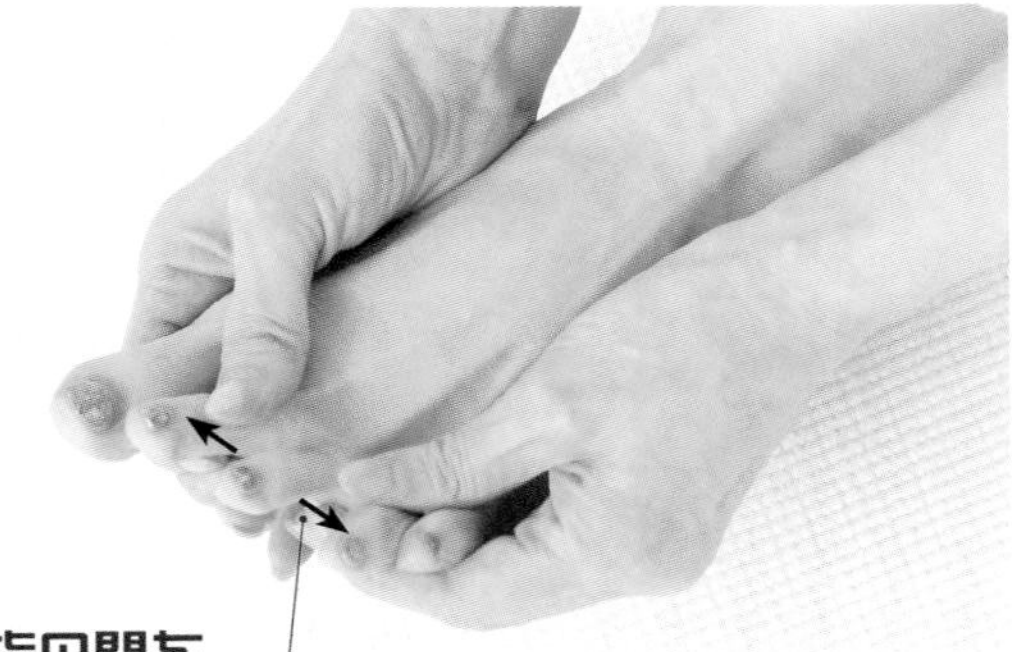
足指の間を広げ
上下に動かす
足指の間を
広げる

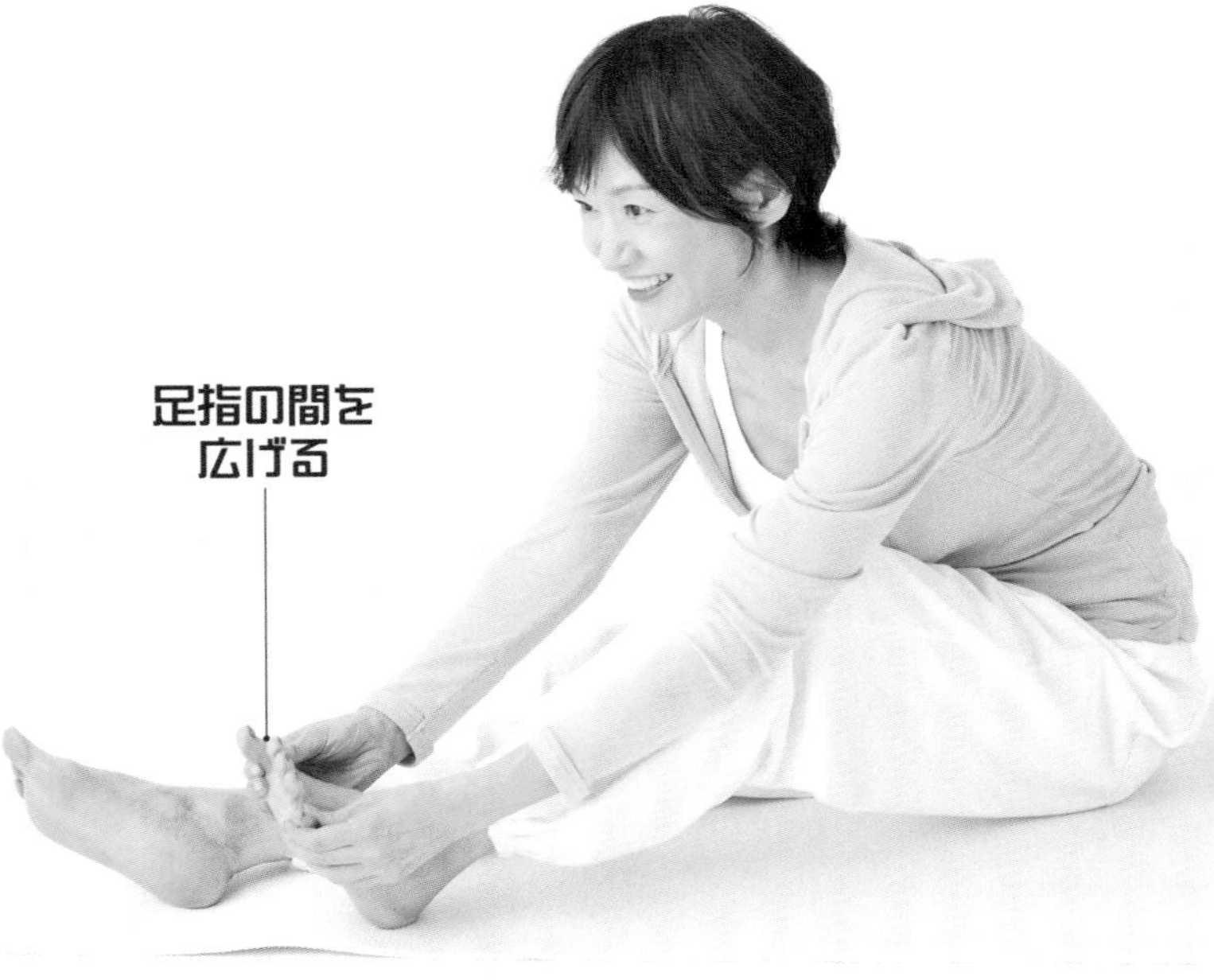
足指の間を
広げる

足指を1本ずつ丁寧に刺激する

2 足の親指を右手でつまみ、付け根をギュッと押したり、回したりしてほぐします。1本ずつ順番に行って。小指は曲がりやすく存在感がないので、しっかり伸ばしてあげましょう。

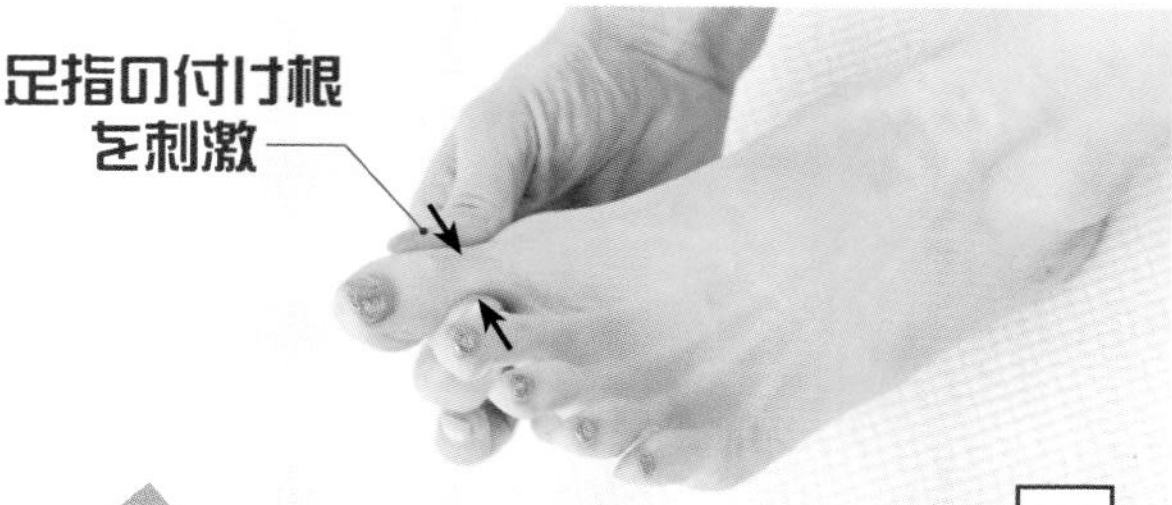

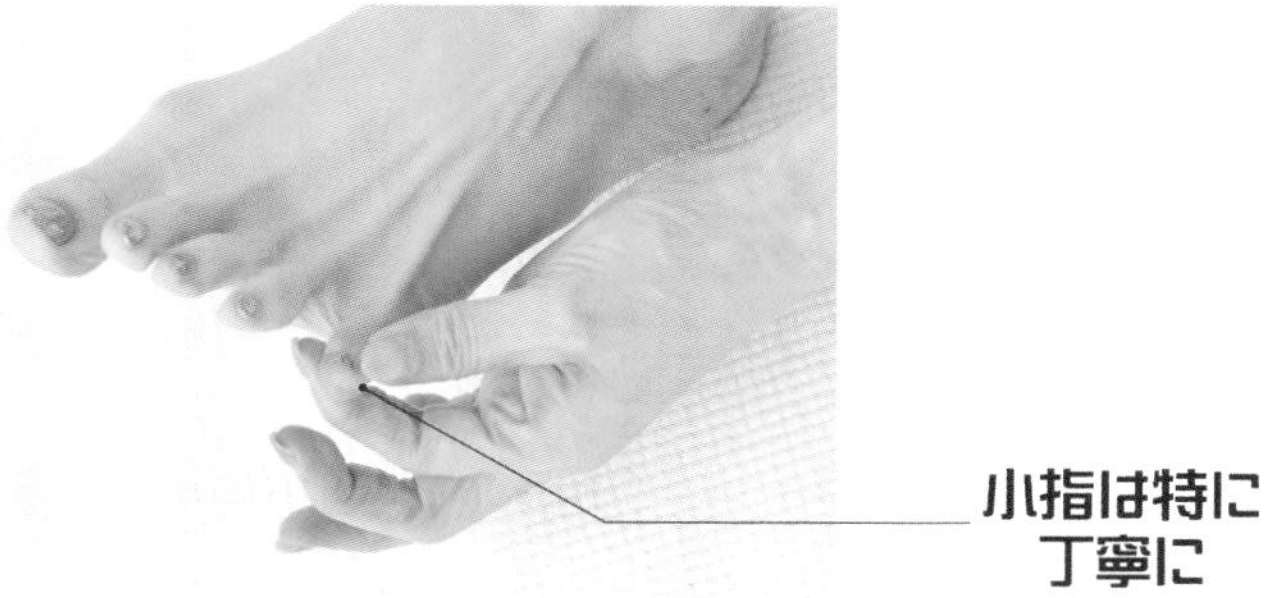

足指の間に手指を通し足首を動かす

3 足指の間に手指を通します。手をグーパーして足指の間を刺激しながら、足首を左右に振ったり、上下に動かしたりします。反対側も**1**～**3**を同様に行います。

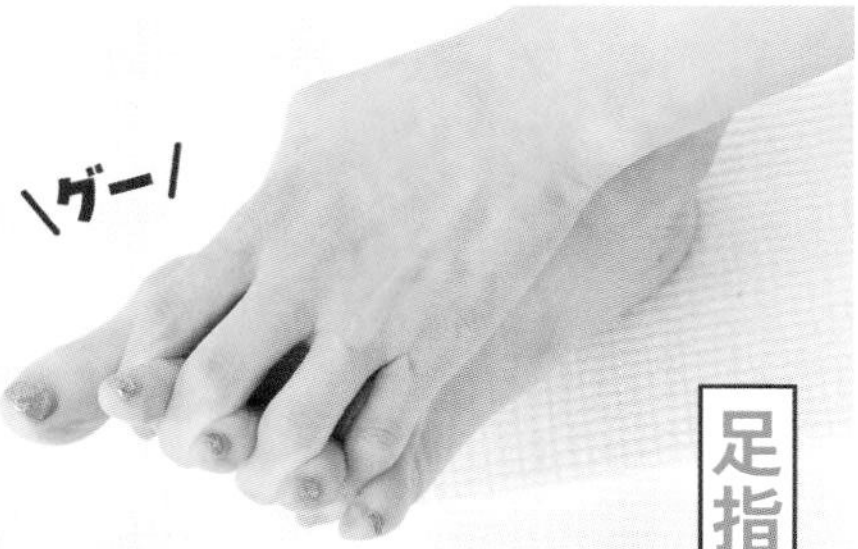

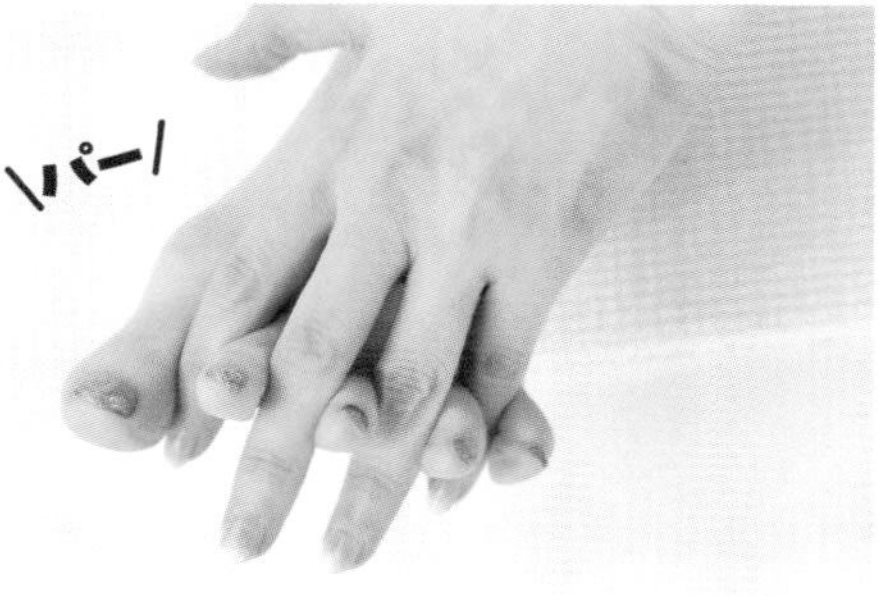

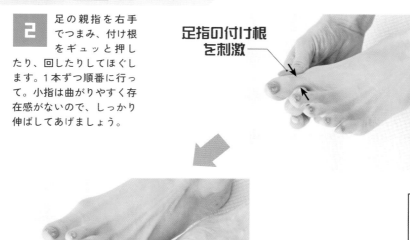

下半身のむくみをリセット!

ボールでひざほぐし

下半身のリンパが集まるひざ裏を中心にテニスボールでしっかりほぐします。ふくらはぎのむくみを解消し、足の疲れもすっきり。

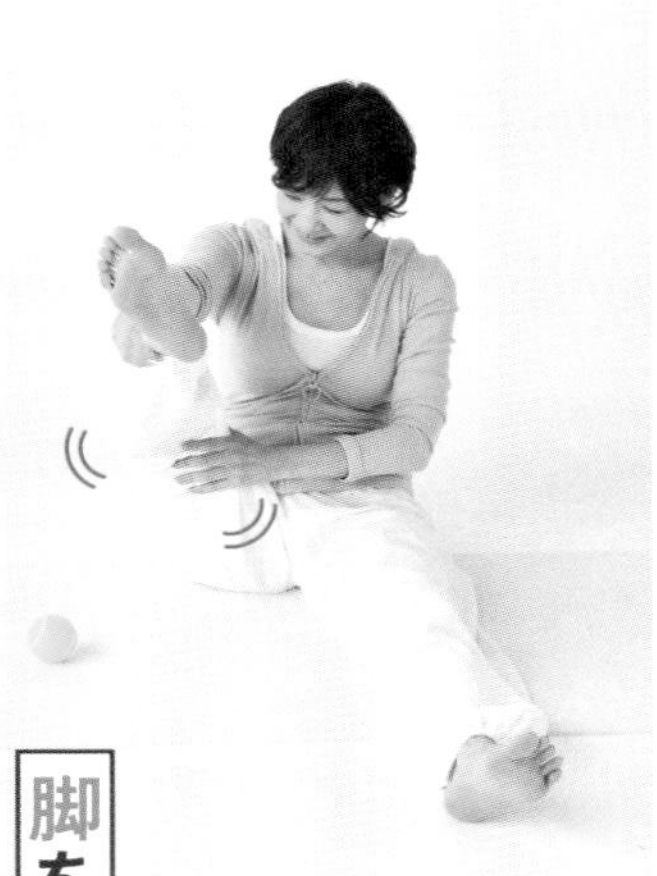

脚を持ち上げ
内ももをつまむ

1 股関節から右脚を持ち上げ、内もも（ひざからそけい部まで）をつまむように刺激します。

ひざは伸ばし
切らなくてOK

ひざ裏を支えながら
ひざを曲げ伸ばしする

ひざは
内旋しない

2 お腹で右脚を引き寄せながら、左手で足首を持ちます。右手でひざ裏を支えて、ひざをゆっくり曲げ伸ばしします。ひざ下は力を抜いて。

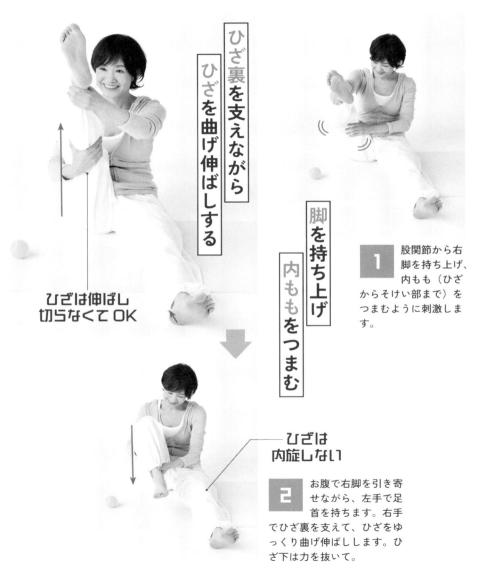

ひざ裏にボールを入れ ひざを引き寄せる

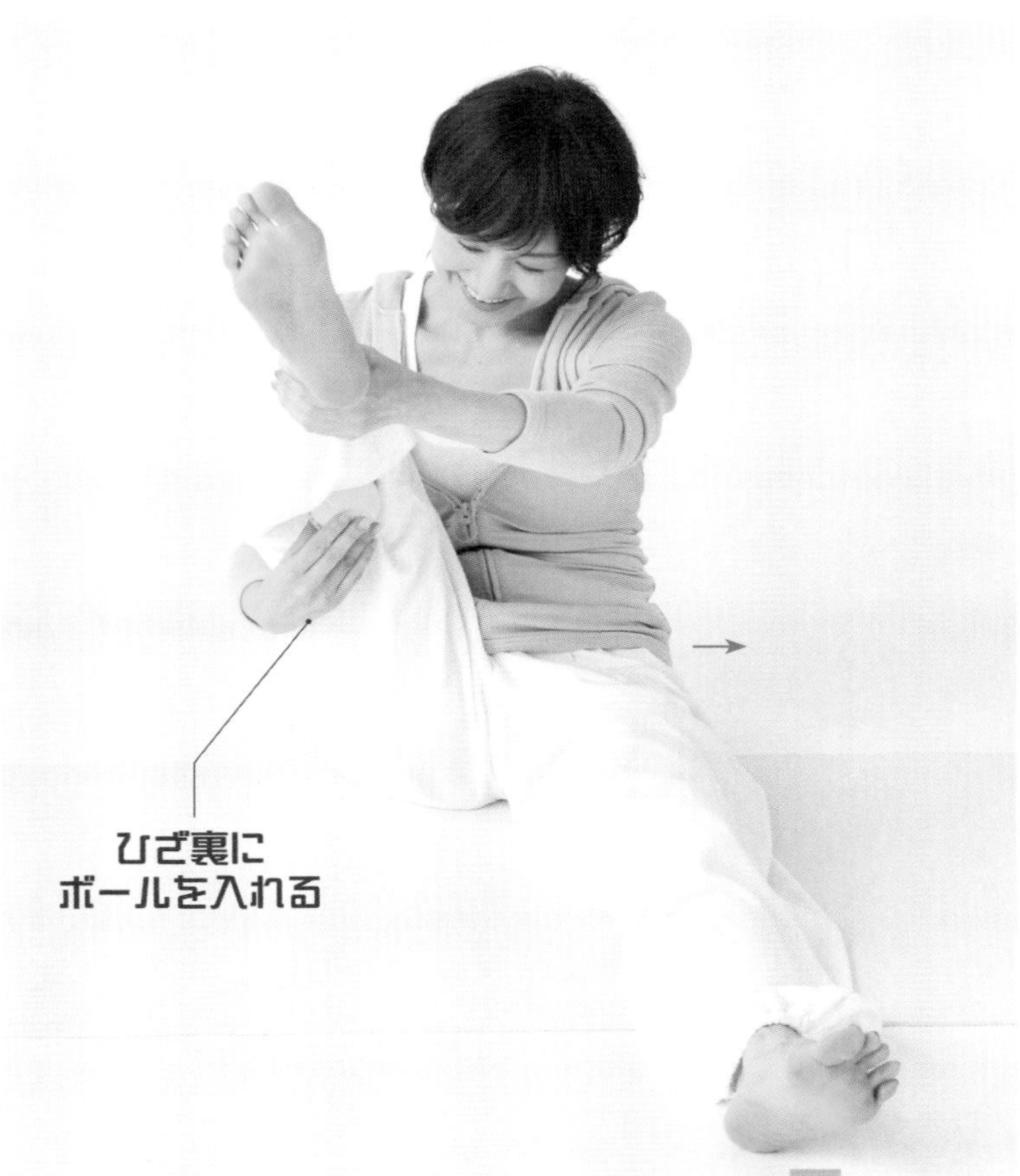

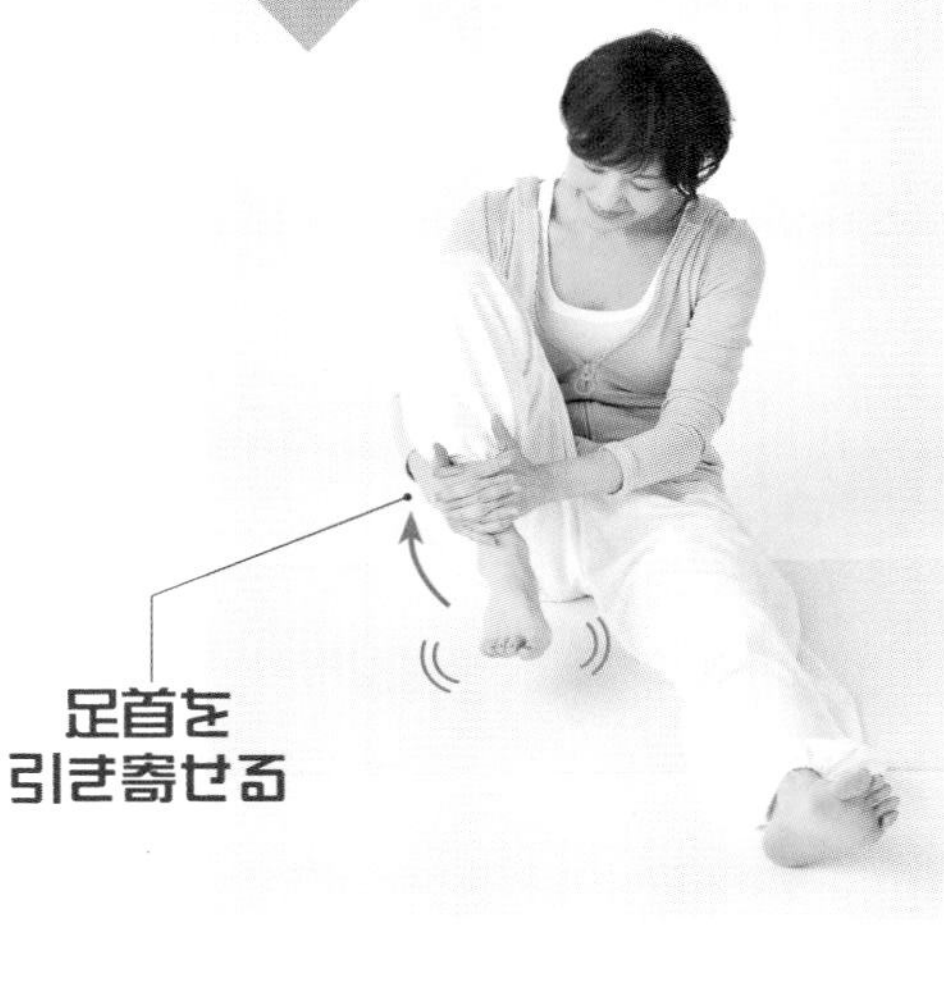

3 ひざの裏にテニスボールを入れ、両手で足首上あたりを抱えます。ふくらはぎに刺激が伝わるように、ひざ下をトントンと自分のほうに引き寄せましょう。

ボールを入れたまま お尻を浮かせ 股関節をゆるめる

4 ボールを入れたほうの右足を床に立てて、右ひざを軽く手で押しながらお尻を浮かせ、股関節を軽く揺らします。

外ももを押しながら 上体をひねる

5 ひざ裏からボールをはずし、右ひざを内側に寝かせます。右手で外ももを押しながら、上体を数回ひねります。右の付け根が伸びるのを感じて。

骨盤の
引っ張り合いを
感じながら
脚の付け根を
伸ばす

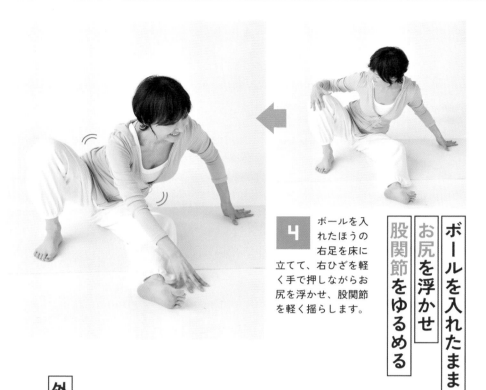

ひざ下にボールを入れ 前後に刺激する

脚を下半身から
切り離すように

6 右ひざの下にボールを入れたら、ひざ〜内ももにかけて前後にボールを転がしながら刺激します。

上体を倒して 全身をゆるめる

ひざは軽くゆるめて
ロックしない

7 反対側も1〜6を同様に行ったら、股関節から上体を前に倒して体全体をゆるめて起こします。

腰まわりの重だるさを取り除く

パタパタ股関節ほぐし

日常の姿勢や座り方で生じやすい股関節まわりの詰まりを解消するメソッド。下半身の巡りがよくなり、腰痛改善・安眠効果も。

ひざを持ち上げ ひざ下を動かす

1 下腹部からお腹を丸め、両ひざを持って脚を上げ、ひざ下をぶらぶらと動かします。

ひざを押して 股関節をゆるめる

股関節から切り離すイメージ

2 右足を前にしてあぐらをかき、ひざを交互に押しながらゆるめます。

ひざを押しながら 上体をウェーブ

上体をウェーブ
手でひざを押し出す

3 下腹部を丸め、両ひざを外に押し出し、上体を前に倒してウェーブしながら滑らかに起こします。ひざ同士は遠くに引っ張り合います。

お尻を浮かせて腰をひねる

骨盤の
引っ張り合い
を意識

肩の力は
抜く
ひざは
遠くに

骨盤の
引っ張り合い
を意識

4 右ひざを立てて両手を後ろに軽くつきます。右のお尻を浮かせながら腰を左にひねり、お尻を下ろしながら右ひざを開きます。数回繰り返して。

お尻を浮かせ そけい部をストレッチ

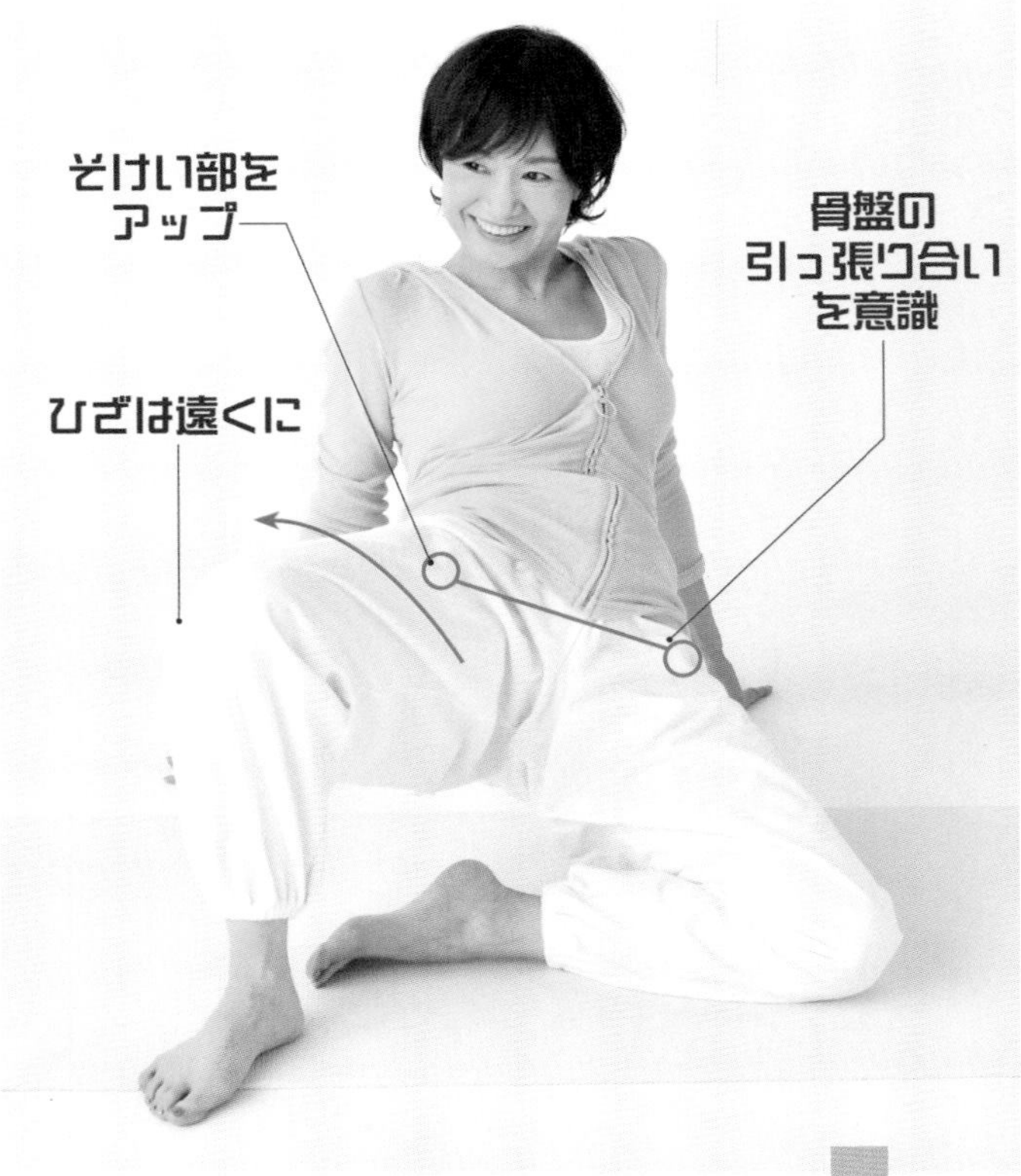
そけい部を
アップ
骨盤の
引っ張り合い
を意識
ひざは遠くに

5 右ひざを立てた姿勢からお尻を浮かせ、そけい部を持ち上げて下ろします。数回繰り返します。反対側も**4**〜**5**を同様に行います。

ひざを持ちあげ ひざ下をブラブラ

6 下腹部からお腹を丸め、両ひざを手で持って脚を上げ、ひざ下をぶらぶらと動かします。

あぐらをかいて 上体を倒す

7 2と脚の組み方を逆にしてあぐらをかき、骨盤から上体を倒して戻します。

胸が落ち着き**呼吸もラク**に

腰＆デコルテほぐし

疲れやすい下半身＋上半身のほぐしケア。デコルテまわりや首、肩を丁寧にほぐすことで、呼吸が深くなり、体がラクになります。

あぐらをかいて ひざをプッシュする

1 あぐらをかいて座り、右ひざを右手でポンプを押すようにプッシュします。足を崩してひざ下をぶらぶらと動かしたら、足を組み替えて反対側も同様に。

脚を引き寄せながら お尻～腰をひねる

2 右ひざは外に開き、左ひざは立てて座り、手は後ろに軽くつきます。左ひざを胸のほうに引き寄せたら、左のお尻を浮かせて腰を気持ちよく右にひねります。丁寧に足を戻し、これを数回繰り返したら反対側も同様に。

骨盤の
引っ張り合い
を意識

ひざは内旋
しない

両手でデコルテを押さえてさする

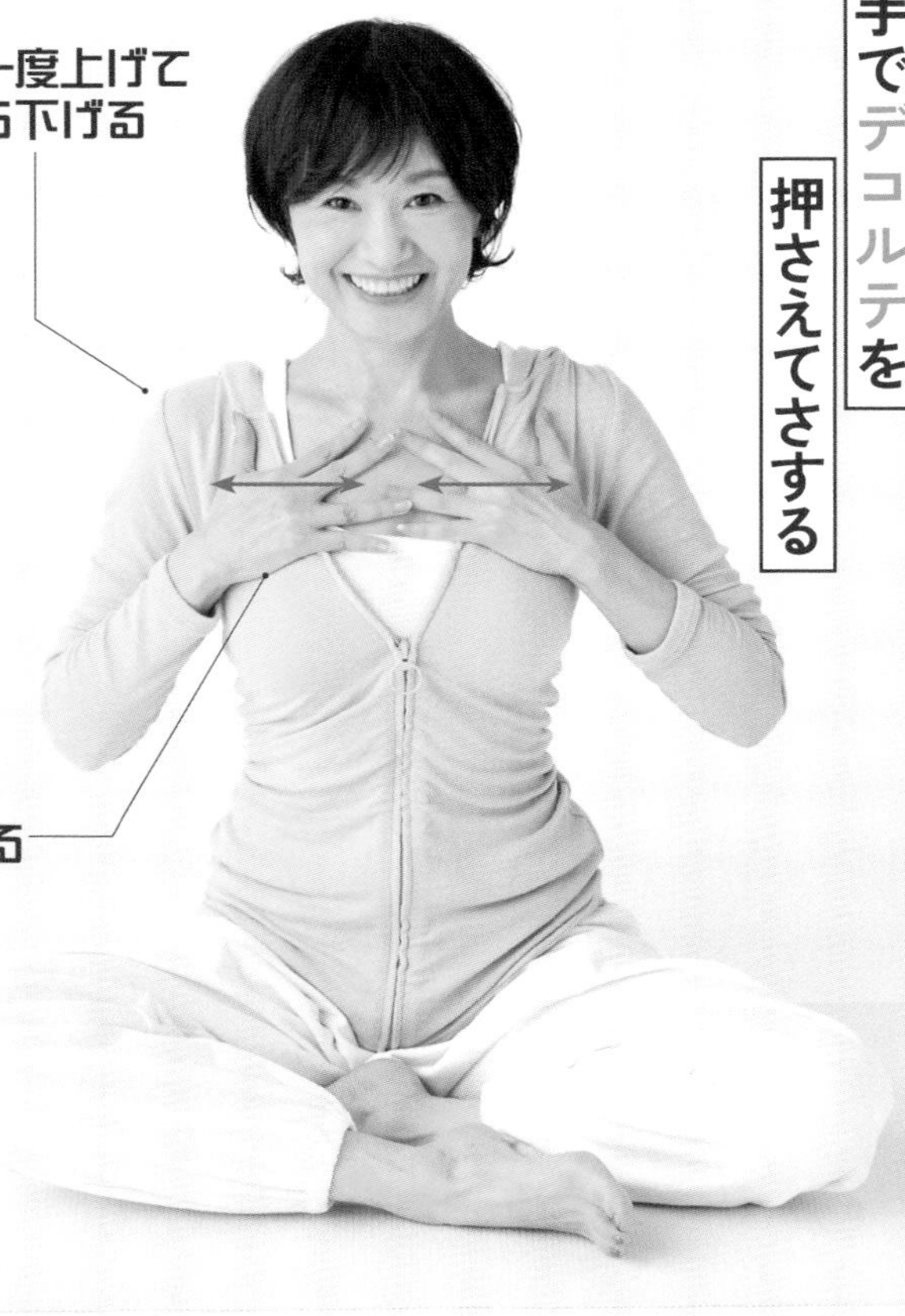
肩は一度上げてから下げる
胸を落ち着かせる

3 ふたたびあぐらで座り、体を軽く揺らします。両手のひらでデコルテをグッと押さえてさすり、肩を下げます。

首を伸ばしながら 脇から腕を回す

4 右手のひらで左のデコルテをグッと押さえながら、頭を軽く右に倒して首と肩を伸ばします。さらに腕の付け根から回し、肩や肩甲骨をほぐします。手を入れ替えて反対側も同様に。

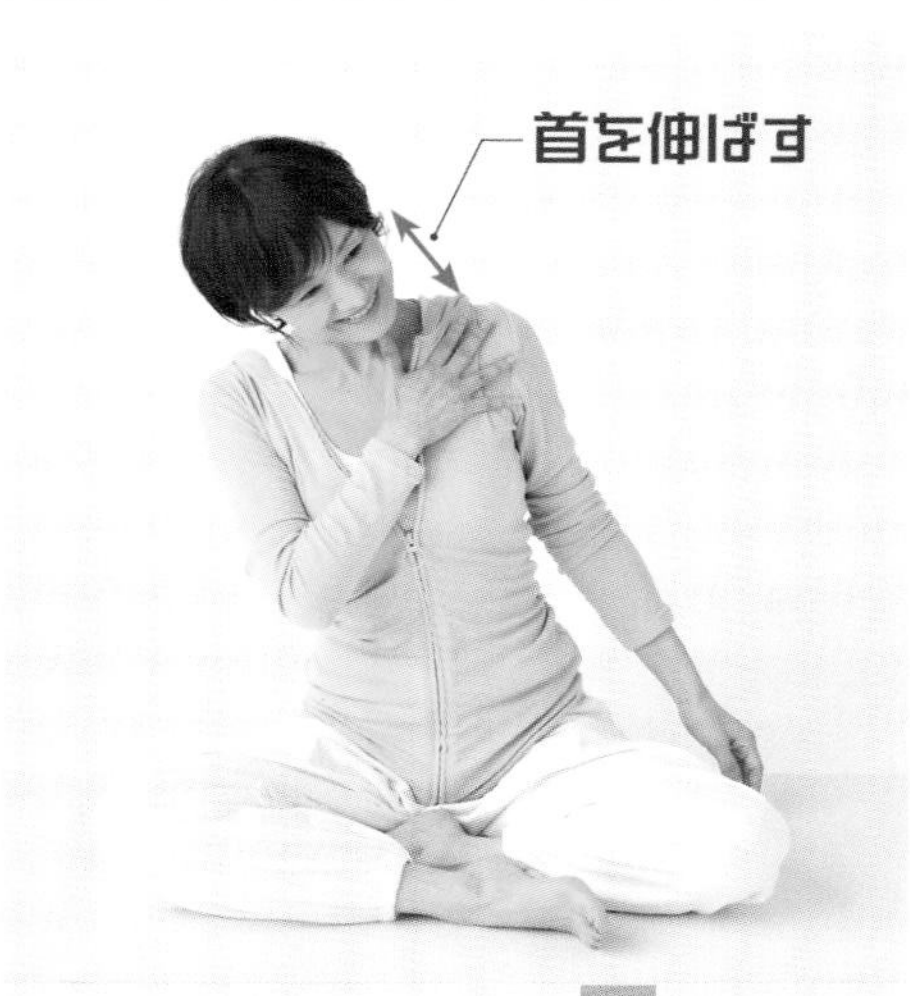

あの人気ダンスエクサを最新版にアレンジ!

体を意識しながら軸ボディをつくろう！

オトナ・カーヴィー

これまでのエクササイズを通じて、体の引っ張り合いや下腹部力といった、「軸を養う体の使い方」を理解していただけたのではないでしょうか？　そんなみなさんに、最後に楽しんでいただきたいのが「オトナ・カーヴィー」です。このメソッドは、過去に出版したDVD付きムックに収録した大人気ダンスエクササイズ「メラメラカーヴィー」のアレンジ版です。カーヴィーダンスをご存じの方は、懐かしく感じられるかもしれません。私もこのメソッドや曲にはとても思い入れがあり、当時を振り返ると「今ならもっとこうするかなぁ」と思うこともあります。そんな思いから、今回アレンジ版を考案しました。

長年、カーヴィーダンスを続けてくれている方に直接「メラメラカーヴィー」を指導すると、動きを勘違いしていた、意識する箇所が違っていた、という声がよく上がります。そのため、本書ではおなじみの動きを取り入れながら、「軸トレ」で紹介した大事な動きを組み合わせてより丁寧に動かすことを意識しました。

「オトナ・カーヴィー」のポイントは、ただ激しく腰や腕を動かすのではなく、あらゆる関節を丁寧に動かし、表面ではなく内側から先導する動かし方をすることです。例えば、「腰を突き上げてトントン」（P112）をするときも、体を引き上げながらひざを柔らかく使い、"股関節が動くから腰が動く"と意識して大切に行ってください。

「メラメラカーヴィー」で人気だった「メラメラムーブ」（P112）も、腕を動かすというよりも、腕や手首の力みを抜いて脇の奥を意識すると、体の感じ方もまるで違うと思います。

忙しくて時間がないけれど、少しでも体を動かしたい、テンションを上げたいと思ったときに、「メラメラカーヴィー」のアップテンポな曲にのせた3分間の「オトナ・カーヴィー」を丁寧に行ってみてください。

樫木's Voice

立位も座位も体の使い方の根本は一緒です。別のものではあってはならないと思っています。座位で行う「軸トレ」が立位にも活かされ、立位での「ペットボトル筋トレ」が座位にも活かされる。これまでの軸トレの立位や座位で行ってきた重心移動体重移動を意識しながら、一緒に動いていきましょう。

メラメラカーヴィーとは

2011年に刊行した『樫木式カーヴィーダンスで部分やせ』（Gakken）に収録しているダンスメエクササイズ。脂肪燃焼効果が高く、気持ちよく汗をかきながら美パーツづくりができると現在でもファンが多く、不動の人気です。

オトナ・カーヴィー
START!!
\Check!/
P78
トランポリン
エクササイズ
片脚ずつ
テンポよく！
お腹の内側から
ウェーブ
\Check!/
P32
骨盤ロール&
ウェーブ
メラメラでも
人気のムーブ！
腰を突き上げて
トントントン

脚の間に
もぐるように
\Check!/
P32
骨盤ロール&
ウェーブ
滑らかに
回そう
\Check!/
P40
骨盤
ローリング
\Check!/
P42
お腹で
レッグアップ
お腹を使って
1、2、1、2
上下にリズム
を刻んで
FINISH!!
呼吸を整えて
おつかれさま
でした！

ボディメイクとは、痛みをなくす方向へ導く脳と体づくり

私のスタジオには、「健康的にやせたい」「くびれがほしい！」という目的の方もたくさん通ってくださっていますが、「健やかに年齢を重ねたい」「不調や痛みを改善したい」「所作を美しくしたい」「正しい体の使い方を知りたい」といった意識を持たれる方が年々増えています。体のどこにも何も違和感がなく過ごされている方はほとんどいません。この違和感を少しずつ取り除いていくことが、イコール〝美ボディ〟への近道になるのです。それは一般の方、アスリート問わずです。

体に生じる痛みは、体を正しい方向に持っていくことで改善されます。改善されていく過程の中で、「体が少しずつ変わってきたな」と必ず感じるはずです。だからこそ私にとってトレーナーとして〝リハビリ分野に強くなる〟という思いは昔も今も変わりません。

リハビリに強い自分になる過程では、アスリートとの二人三脚の思い出がたくさんあります。その中の１人、三浦皇成騎手は２０１６年に落馬事故に遭い、骨盤骨折他、深刻な大ケガを負いました。バランス感覚に不可欠な骨盤を骨折したことで、仮に復帰してもこれまで続けてきたような騎乗に戻れるのか、とまで言われていたのです。

実際にリハビリを任されたときは、まだ杖をついていて、自宅では車椅子でした。皇成騎手の「復帰をしたい」という思いとともに二人三脚で取り組み、私も「絶対復帰をさせてみせる！」「ケガをする前より騎乗しやすい体にしてみせる！」と、あえてＳＮＳなどで公言し、自分自身にプレッシャーをかけてきました。復帰には2年はかかるといわれていましたが、１年で

復帰し、復帰戦初日から1着でゴールという記録を残し、スポーツ新聞各紙に「カーヴィートレ乗り越え復帰！」と取り上げられたのです。

このようにプレッシャーも大きいアスリートのリハビリに挑戦してきた経験は、ボディメイクトレーナーとしての糧になっています。私のメソッドが、痛みを持つ多くの方々の悩みに役立てられることを知ってもらいたい、実証したい、という強い気持ちもありました。

リハビリについては、医師は医学的な見解をされると思いますが、私は体を動かしてきた経験に基づいたアプローチを大切にしており、非常にやりがいを感じています。これまでクライアントさんに対して、望ましい結果を導き出せた経験は、自分のメソッドの確信をより深めてくれました。

カーヴィーメソッドは、くびれや美ボディづくり、という印象を持たれがちですが、その土台にあるのはやはり、体を整えて、痛みをなくしていくことです。言葉では簡単なようですが、体の正しい使い方を学び、長年染みついた自分のクセを知り、取り除いていくことこそがトレーニングであり、コツコツとした地道な努力が必要です。年齢を重ねたら、やみくもに鍛えることではなく、どれだけいい状態を保ち続けられるか、に目を向けることが大切であり、それは小さく見えて実は大きな目標だと感じています。

体を整えることで体を守ってあげられる

人生１００年時代といわれる今、セルフトレーニングやセルフケアの重要性はますます高まっていると感じます。人間、一生体が痛まずにすむなんてことは絶対にないし、病気もしないなんてことはないけれど、自分の体の整え方を知っていれば、いざケガをしたときや、さらに年齢を重ねたときに、自分の体を守ってあげることができるからです。

内科系の治療は医師に任せても、リハビリに関しては、自分が自分の主治医になるぐらいの気持ちで、体を正しい方向に持っていく技術を身につけることが、これからの人生では必要不可欠なものになると思います。

また、自分自身の体の整え方を知ることは、自分の大切な人たちを守ることにもつながります。私のメソッドを実践されている看護師の方は、以前は自身の体に痛みがあり、休日はずっと寝ていたそうです。ですが、現在は自分でも体をケアできるようになり、見違えるようにアクティブに。患者さんからは介助がスムーズだとほめられたそうです。

このようにありがたくも、私のもとには自分で動いて痛みを治せた、これまでの生活がガラッと変わったという実践者のみなさんの喜びの声が毎日届きます。50代、60代のみなさんが、最初はどことなく暗かった顔つきが明るくなり、体も洗練されて、〝年齢逆進〟して元気になっていく姿を見るのは最高の喜びです。

心も体も元気に生きることは、人間にとって永遠のテーマです。今のためだけでなく未来の自分のため、自分の大切な人たちのために、〝体が正しく整う〟ような体づくりをしていきましょう。私の健康もパワーもボディメイクも、みなさんと一緒に築き上げなければ生まれなかったのだと、日々実感しています。この本が少しでも、全国のみなさんのお役に立てたら本望です。そしていつか、生の私にも会いに来てくださいね。

自分の体の整え方を知っていれば、
大切な人の体も守ってあげることができる
樫木裕実

樫木裕実
スタジオ&プロデュースグッズ

樫木裕実が直接レクチャー！
STUDIOC

パーソナルから少人数、グループレッスンまで、樫木本人から直接指導を受けられるスタジオ。樫木メソッドを基礎からじっくり学べるレッスンから、体のクセを改善するクセトレ、人気の曲で楽しく踊るダンスレッスンなど、バリエーションも多彩。季節ごとに実施されるイベントレッスンも人気。

予約について

DATA

STUDIOC
東京都港区六本木 7-20-5 eisu bldg.
六本木 101
☎ 03-6447-0876

グループレッスンについては約 2 か月前に HP でスケジュールとレッスン内容がアップされ、予約が開始。予約はメールにて受付。
HP ： https://kashiki.net/
Mail ： info@studio-c.net

着るだけで体を24時間サポート

ビューティーシェイパー&インナースパッツ

スーパーストレッチ糸を使用し、体の正しい方向に合わせて繊細に編み込んだスパッツ。脚が宙に浮くような軽さを感じる履き心地で膝もサポート。

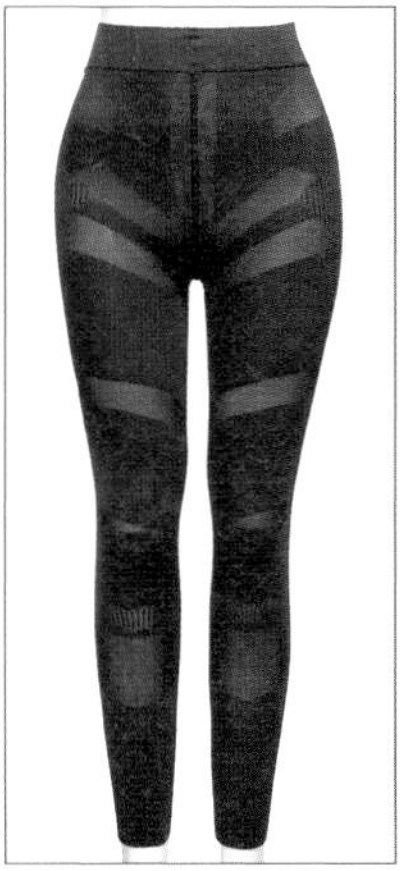

女性の体に沿った編み立て技術により、体を締め付けることなく快適に補正。まるでしなやかな筋肉をまとったような着心地の機能性インナー。

樫木裕実がたどり着いた カーヴィーメソッド 24H健康くびれ筋 ビューティーシェイパー、樫木裕実がたどり着いた カーヴィーメソッド 24H健康くびれ筋どんどん動けるインナースパッツ／ http://g-stars.jp/kashikihiromi/

ストレッチやほぐしの必需品！

マンゴー スリムリング ミニーマンゴー 姫リング

使い勝手のよさにこだわった樫木モデル。従来のものよりスリム形状で、女性の腰のキワや脇などもフィットしやすい。より柔らかい素材で持ち運びやすいミニサイズも。

ウェーブストレッチリング ソフトタイプ スリム「マンゴー」4,950円（税込）、「ミニーマンゴー姫」3,850円（税込）／ MAKIスポーツ☎ 03-6804-8805

樫木裕実 *Hiromi Kashiki*

ボディメイクトレーナー。ダンスやフィットネス業界に39年間携わり、その経験から様々なノウハウを取り入れた樫木式メソッドを考案。女優やタレントなどからも厚い信頼を受ける傍ら、トップアスリートのトレーニング指導、リハビリなど幅広い分野で活躍中。『DVD付き 樫木式・カーヴィーダンスで即やせる！』（Gakken）をはじめ、著書は累計500万部を突破。「日本を健康大国にしたい」という大願を果たすべく、介護や看護、福祉関係の講演会も精力的に行っている。

HP：https://kashiki.net　Instagram：@kashikihiromi　X（旧Twitter）：@kashiki414
ブログ：https://ameblo.jp/curvyground/　facebook：@kashiki.net/

Staff

デザイン	舛沢正子
撮影（スチール）	臼田洋一郎
動画制作	猪股功一（グラフィット）
ヘアメイク	斎藤節子
イラスト	福場さおり
校正	麦秋アートセンター
編集協力	浜野雪江
制作アシスタント	坂井由美子
制作協力	スタジオC、赤江佳美
協力	スペックコネクト株式会社

樫木式 不老！軸トレ

2024年1月30日　第1刷発行

著者　樫木裕実
発行人　土屋徹
編集人　滝口勝弘
編集　小中知美　彦田恵理子

発行所　株式会社Gakken
〒141-8416 東京都品川区西五反田2-11-8
印刷所　TOPPAN株式会社
DTP　株式会社グレン

○この本に関する各種お問い合わせ先
本の内容については、下記サイトのお問い合わせフォームよりお願いします。
https://www.corp-gakken.co.jp/contact/
在庫については　TEL:03-6431-1250（販売部）
不良品（落丁、乱丁）については　TEL:0570-000577
学研業務センター　〒354-0045　埼玉県入間郡三芳町上富279-1
上記以外のお問い合わせは　TEL:0570-056-710（学研グループ総合案内）